Samuel Hearne, 1745-1792.
Gravure en couleurs d'un artiste inconnu.

Daniel Poliquin

Daniel Poliquin vit à Ottawa, sa ville natale, où il exerce la profession de traducteur-interprète. Il est l'auteur de plusieurs romans, dont *Visions de Jude* (Québec/ Amérique, 1990) et *L'écureuil noir* (Boréal, 1994), qui ont connu de vifs succès. Il a remporté en 1993 le Prix du Salon du livre de Toronto qui couronne l'œuvre d'un écrivain ontarien de langue française.

Samuel Hearne

La publication de ce livre a été rendue possible
grâce à l'aide financière du Conseil des Arts du Canada,
du ministère des Communications du Canada,
de la direction des études canadiennes
et des projets spéciaux, Patrimoine canadien,
et du ministère de la Culture
et des Communications du Québec.

©

XYZ éditeur
1781, rue Saint-Hubert
Montréal (Québec)
H2L 3Z1
Téléphone : 514.525.21.70
Télécopieur : 514.525.75.37

et

Daniel Poliquin

Dépôt légal : 2ᵉ trimestre 1995
Bibliothèque nationale du Canada
Bibliothèque nationale du Québec
ISBN 2-89261-128-8

Distribution en librairie :
Socadis
350, boulevard Lebeau
Ville Saint-Laurent (Québec)
H4N 1W6
Téléphone (jour) : 514.331.33.00
Téléphone (soir) : 514.331.31.97
Ligne extérieure : 1.800.361.28.47
Télécopieur : 514.745.32.82
Télex : 05-826568

Conception typographique et montage : Édiscript enr.
Maquette de la couverture : Zirval Design
Illustration de la couverture : Francine Auger
Recherche iconographique : Michèle Vanasse

HEARNE

Samuel

LES GRANDES FIGURES

LE MARCHEUR DE L'ARCTIQUE

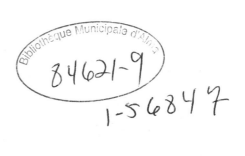

XYZ
éditeur

JEUNESSE

Du même auteur

Temps pascal, roman, Montréal, Pierre Tisseyre, 1982.
Nouvelles de la capitale, nouvelles, Montréal, Québec/
    Amérique, 1987.
L'Obomsawin, roman, Sudbury, Prise de Parole, 1987.
Visions de Jude, roman, Montréal, Québec/Amérique,
    1990.
L'écureuil noir, roman, Montréal, Boréal, 1994.

Traductions

Pic, roman de Jack Kerouac, Montréal, Québec/ Amérique,
    1987 ; Paris, La Table ronde, 1988 [titre original : *Pic*].
Avant la route, roman de Jack Kerouac, Montréal,
    Québec/Amérique, 1990 ; Paris, La Table ronde, 1991
    [titre original : *The Town and the City*].
Le vieil homme, la femme et l'enfant, roman de W. O.
    Mitchell, Montréal, Québec/Amérique, 1991 [titre
    original : *Ladybug, Ladybug*].
Oh Canada! Oh Québec! Requiem pour un pays divisé,
    essai de Mordecai Richler, Montréal, Balzac, 1992 [titre
    original : *Oh Canada! Oh Quebec! Requiem for a Divi-
    ded Country*].
Monsieur Vogel, anthologie de nouvelles de Matt Cohen,
    Montréal, XYZ éditeur, coll. «L'Envers du miroir», 1992.
Les mémoires barbelées, roman de Matt Cohen, Montréal,
    Les Quinze, 1993 [titre original : *Emotional Arithmetic*].
*Le récit de voyage en Nouvelle-France de l'abbé peintre
    Hugues Pommier*, recueil de nouvelles de Douglas
    Glover, Québec, L'instant même, 1994 [titre original :
    A Guide to Animal Behaviour].

*J'ai fait ce livre
pour Gabriel,
qui, à dix ans,
a osé lire* Les misérables ;

*pour Emmanuel,
qui vient d'achever* Tom Sawyer
et Huckleberry Finn ;

*pour Vincent,
qui lit* Le comte de Monte-Cristo.

L'auteur était écrivain en résidence à l'Université d'Ottawa lorsqu'il a écrit ce livre.

Avant-propos

Il y avait longtemps que je rêvais de faire un roman pour la jeunesse inspiré des tribulations du grand Samuel Hearne. Le voici.

L'essentiel de ce livre est œuvre d'imagination. Par souci d'authenticité, je me suis permis d'emprunter quelques pages au journal de voyage de Hearne, qui parut en anglais en 1796 et fut traduit en français par Lallemant, secrétaire à la Marine de France, en 1799. J'ai pris soin cependant au passage de gommer certaines tournures archaïques ou parfois même fautives.

Je tiens ici à rendre hommage à l'historien Richard Glover et à ces intrépides vulgarisateurs que sont Peter Newman et Pierre Berton, qui ont su traduire certaines indications géographiques en termes intelligibles pour le lecteur moderne. Pour les remercier de leurs peines, j'ai identifié par un astérisque les passages où ces auteurs m'ont été utiles; on retrouvera à la fin du livre les références bibliographiques.

Je n'ai maintenant qu'un souhait: c'est de voir le récit intégral de Hearne réédité en français un jour prochain.

Daniel Poliquin,
Ottawa, décembre 1993

En 1610, le navigateur anglais Henry Hudson
découvre la baie qui porte son nom.

1

Le bon docteur

M on médecin m'a annoncé ce matin que je vais mourir bientôt.

— C'est très ennuyeux, lui ai-je dit.

— Mon cher Hearne, votre longue vie d'aventures boréales ne vous a pas ménagé une vieillesse saine et tranquille. Le corps humain....

— C'est que, voyez-vous, mon cher docteur, je n'ai pas le temps de mourir. J'ai accepté de faire un certain travail qui demande encore plusieurs mois de réflexion et...

— Vous souffrez d'hydropisie, Hearne. Vous n'avez plus que quelques mois à vivre. J'aimerais vous dire le contraire, mais je ne décide rien, moi, je ne fais que constater. Or, j'ai devant moi un organisme ravagé par les privations et les courses exténuantes dans la toundra canadienne.

— Docteur, à vous entendre, on croirait que vous me trouvez vieux? Je n'ai que quarante-six ans, tout de même!

— Je sais, Hearne. Mais quand on a beaucoup vécu comme vous, on est vieillard avant l'âge.

— Vous ne pourriez pas me prescrire une potion, un remède quelconque?

— La médecine ne connaît pas encore le remède au mal dont vous êtes atteint. Au mieux, je peux vous donner quelque palliatif qui vous permettra de vous accrocher à une vie qui n'en est plus une.

J'ai reconduit le médecin à la porte, moins pour être poli que pour lui montrer que je sais encore me servir de mes deux jambes.

— C'est fâcheux, je le vois bien, a-t-il conclu en me serrant la main, mais consolez-vous en songeant que mon verdict était gratuit. Cela dit, j'ai beau vous ausculter gratis, parce que vous êtes un ami, je ne peux tout de même pas vous sauver d'une échéance qui menace même les médecins. Au revoir, Hearne, et ménagez-vous un peu.

Me ménager... Humour de médecin, sans doute.

Le bon docteur ignore l'ampleur de ma détresse. Il ne comprend pas que, malgré mon âge qu'il dit si avancé, j'ai besoin de travailler pour vivre. Or, on m'a commandé un ouvrage qui me permettra justement de subvenir à mes besoins jusqu'à la fin de mes jours.

Oui, un éditeur m'a acheté les droits du journal que j'ai tenu à l'époque où je parcourais l'Arctique pour le compte de la Compagnie de la baie d'Hudson. Il m'a versé une somme princière : 200 livres. Deux cents livres ! Quand on pense que le grand Milton n'a touché que 18 livres* pour son *Paradis perdu*, ce poème qui a fait la gloire de la langue anglaise, j'ai de quoi me sentir honoré.

Si j'avais été plus prudent avec ce que j'ai gagné dans ma jeunesse, cet ouvrage ne serait pas nécessaire. Quand je suis rentré en Angleterre, après des années de labeur dans les contrées sauvages d'Amérique du Nord, j'avais largement de quoi vivre sans travailler le reste de mes jours.

Malheureusement, une vie vécue dans la solitude nordique, parmi les Indiens qui partagent systématiquement tout ce qu'ils possèdent, m'avait totalement désappris l'usage de l'argent. Dans les rues de Londres, j'étais comme un fier Esquimau qui, ne sachant vivre que de chasse et de pêche, donne tout ce qu'il a dans les poches au premier venu parce que l'or n'a point de valeur pour lui. Dans ma naïveté

---

* Pierre Berton

presque indienne, pour ainsi dire, j'ai payé mille fois le prix fort pour des choses sans valeur.

Je dois dire aussi que j'ai bien vécu, sans me priver de quoi que ce soit, des plaisirs du boire comme du manger. Si bien que je me retrouve aujourd'hui impécunieux, ne me nourrissant que de thé et de porridge le matin ; de pain, de fromage et de bière le soir. Mon feu de cheminée fait pitié à voir et je n'ai pas assez de toutes les couvertures que contient mon logis pour me garder des nuits froides de Londres.

Alors j'ai accepté l'offre de cet éditeur qui, ayant eu vent de mes aventures dans le Nord canadien, veut me les faire raconter au public. Si mon médecin se montre aussi ingénieux que charitable, je terminerai ce livre et pourrai vieillir tranquille.

Chose certaine, je ne cesserai de travailler tant que je n'aurai pas livré ce récit à l'éditeur. J'aurai peut-être manqué aux lois de la prévoyance en gérant mal mon avoir péniblement accumulé, mais j'ai à cœur de mener à terme la mission qu'on m'a confiée. Ce sera sans doute la dernière.

Le *Nonsuch*, qui revient chargé de fourrures de la baie d'Hudson en 1669 et qui est à l'origine de la fondation de la Compagnie de la baie d'Hudson.

2

Une enfance brève

La vie ne m'a laissé d'autre choix que l'aventure.
Je suis né dans la capitale de l'Empire britannique, au sein d'une famille aisée. Homme laborieux, mon père était secrétaire de la Compagnie des eaux du port de Londres, un emploi fort bien rémunéré; ma mère était d'honnête famille. L'ardeur paternelle et l'honnêteté maternelle ont d'ailleurs été les seuls biens que l'un et l'autre m'ont légués en mourant.

Mon père est mort quand j'étais encore enfant. Veuve et démunie, ma mère s'est installée avec la famille à Beaminster, dans le Dorset. J'ai pu y fréquenter l'école quelque temps, mais je dois avouer que je n'étais guère doué. Ainsi, j'ai toujours eu du mal à retenir les leçons de grammaire et de mathématiques que mes maîtres s'évertuaient à m'inculquer. Encore aujourd'hui, à l'idée d'écrire et d'être lu, ma main tremble, et je jure que ce tremblement ne doit rien à la froideur de mon logis.

Ma mère ne pouvant subvenir à mon entretien, moi-même désespérant de réussir par mes prouesses intellectuelles, je me suis engagé dans la Marine royale britannique à douze ans.

À l'époque, un tel geste n'avait rien d'extraordinaire, tous les marins débutant à l'âge le plus tendre qui fût. J'ai eu des camarades, encore plus pauvres que moi, qui avaient fait leurs premières armes à huit ou neuf ans. Bien sûr, j'eus du mal à quitter mon foyer, mais la nécessité de gagner mon pain se montra plus forte que mon chagrin. Tout comme aujourd'hui d'ailleurs, à la différence que j'étais peut-être mieux armé à l'adolescence que je ne le suis dans ma vieillesse.

J'ai servi d'abord comme ordonnance auprès du capitaine Samuel Hood qui commandait le *Bideford*, une frégate affectée aux convois dans la baie de Biscaye et en Méditerranée. L'Angleterre faisait alors la guerre à la France, comme cela arrive souvent, hélas! Ainsi, j'ai pris part, très jeune, à des combats navals au large du cap Finistère; deux fois, mon vaisscau a capturé des corsaires français; j'étais présent au bombardement du Havre*.

Mon service a duré six ans, et j'ai fait ce qu'il est convenu d'appeler aujourd'hui la guerre de Sept Ans. Je n'ai jamais très bien su à l'époque quel était l'enjeu de cette lutte, et je serais bien en peine de le dire aujourd'hui. Il me suffisait de savoir alors qu'il fallait être rudement bon marin si l'on tenait un tant soit peu à la vie.

Certains mémorialistes vous diront qu'hier était meilleur qu'aujourd'hui; que la vie était plus belle ou plus exaltante dans leur temps. Je n'en crois rien. De tels propos ne doivent rien à la vérité et tout à la vanité de ceux qui disent pareilles choses: ils ne font que s'anoblir en s'ornant des beautés du temps révolu, un temps que leurs auditeurs du présent n'auront jamais les moyens de connaître.

Je préfère dire les choses telles que je les ai vues. Dans ce temps-là, la vie dans la marine anglaise était tout bonnement misérable; elle l'est d'ailleurs encore probablement aujourd'hui.

J'ai quant à moi le souvenir d'une piètre nourriture qu'il fallait disputer aux rats; j'ai eu soif d'une eau dont un chameau n'aurait pas voulu; j'ai été témoin des sordides intrigues d'entrepont auxquelles le désœuvrement condamnait les matelots, et qui se

---

* Richard Glover.

terminaient le plus souvent par un poignard dans le dos; j'ai vu la discipline cruelle qu'on imposait aux matelots, qui étaient fouettés au sang pour un rien ou pendus à la grand-vergue pour encore moins que rien; les navires sur lesquels j'ai navigué n'étaient que d'immondes bagnes flottants dont les pavillons royaux masquaient bien mal l'inhumanité. Et si j'écris cela, ce n'est pas pour m'attirer la pitié du lecteur, c'est simplement par souci d'exactitude. D'ailleurs, je ne me plains pas: nous étions des milliers à souffrir ainsi pour la gloire de têtes couronnées que nous ne voyions jamais.

À la fin de la guerre, sans espoir d'avancement, car je n'étais pas né marquis ou marchand, j'ai quitté la marine de guerre. Mais la mer m'avait conquis malgré tout: j'y avais acquis le goût de l'eau, de l'espace infini, de l'inattendu. Je ne pouvais me résigner à rentrer en Angleterre et à me faire simple commis de magasin. À tant faire qu'obéir aux ordres d'un supérieur cruel et injuste, raisonnai-je, autant le faire en mer, où, à tout le moins, il est permis de rêver de lendemains aventureux.

Les armoiries de la Compagnie de la baie d'Hudson, fondée en 1670, illustrent les animaux dont on convoite la fourrure.

3

À *la baie d'Hudson*

P endant trois ans, j'ai navigué à bord de divers bâtiments marchands, après quoi je suis entré au service de la Compagnie de la baie d'Hudson. La Compagnie, comme on dit entre familiers de cette vénérable institution.

À mes débuts, j'étais second à bord d'un petit sloop, le *Churchill*, qui pratiquait la chasse à la baleine dans les mers du Nord. À la fin de l'été 1768 — j'avais donc vingt-trois ans —, j'accompagnai le grand mathématicien et astronome William Wales qui avait été dépêché à la baie d'Hudson par la Société royale de Grande-Bretagne pour y observer le passage de Vénus devant le soleil. Il s'agissait d'une mission strictement scientifique, et je consentis à y prendre part avec d'autant plus d'enthousiasme que la boucherie des nobles baleines ne m'inspirait que dégoût.

Wales séjourna un an au fort Prince-de-Galles, qui était alors le poste de traite le plus important de la Compagnie dans le Nord canadien. J'admirais beaucoup cet homme qui avait été l'astronome attitré de la deuxième expédition du capitaine James Cook autour du globe. Cet homme qui possédait toute la science du monde connu était de la plus grande simplicité. Il accepta de me prendre comme élève, moi dont le rendement scolaire avait été fort médiocre, et je pus m'initier avec lui à la cartographie, science à laquelle je m'étais un peu frotté pendant mon service dans la Marine royale.

Je vécus avec Wales de grands moments de bonheur et, grâce au savoir que j'acquérais avec lui dans l'enthousiasme, je n'eus jamais à me plaindre de l'ennui que la nuit boréale sans fin inspire aux esprits oisifs.

Cette amitié qui n'enrichit que moi s'acheva au printemps, Wales ayant terminé sa mission et étant rappelé en Angleterre. Je fus alors affecté, à mon grand dépit, comme second sur un brick de la Compagnie, le *Charlotte*, un baleinier de cent tonnes commandé par un certain Joseph Stevens. Cette perspective me déplaisait fort car Stevens était un homme de peu de mérite.

La Compagnie m'offrait aussi, si je le préférais, de rester au fort Prince-de-Galles pour y pratiquer la traite des fourrures avec les Indiens. Offre aussi peu séduisante que la première étant donné qu'elle me condamnait au voisinage d'un gouverneur dont la conduite n'inspirait à tous que mépris et méfiance.

Ce gouverneur avait nom Moïse Norton. Il devait son poste de gouverneur moins à ses talents qu'à sa naissance puisqu'il était le fils d'un précédent gouverneur, Richard Norton. Nous vivons encore, hélas, en un siècle où le privilège du lignage donne plus de droits que les talents naturels. Or, ce Moïse Norton n'était rien de moins qu'une infecte canaille. Il brutalisait tous ceux qui l'approchaient et il ne retrouvait le souvenir des bonnes manières qu'en présence de ses supérieurs. Malhonnête comme personne, il trompait les Indiens avec qui il traitait, et lui-même ne se privait pas de pratiquer la contrebande.

C'était enfin un ogre jaloux de toute âme qui vive. Norton gardait en effet auprès de lui un harem de femmes indiennes qu'il tyrannisait à sa guise, et si l'une d'entre elles avait le malheur de s'intéresser à un homme de meilleure apparence et de manières plus délicates, Norton la faisait empoisonner aussitôt. Tout le monde au fort Prince-de-Galles savait d'ailleurs que Norton conservait dans une cachette un coffret de poisons dont il usait pour calmer ses jalousies et écarter ses rivaux.

Non, je ne me décidais pas à servir sous les ordres de cet homme, d'autant que lui-même me détestait ouvertement. Entre autres choses, il m'en voulait de fuir sa compagnie. Mais qui aurait voulu apprivoiser pareil monstre? Il faut également savoir que cet immonde barbon, la nuit venue, enfermait toutes ses femmes ainsi que les enfants qu'il avait eus d'elles dans une pièce avoisinant ses quartiers. Les malheureux emprisonnés devaient s'entasser les uns sur les autres, privés des moindres commodités. Quand on était convoqué dans ses appartements le matin, on y respirait l'air d'une soue à cochons, sans parler de la vue des pauvres créatures qui vivaient sous ce régime de terreur. L'idée d'obéir à cet homme m'était si odieuse qu'il m'arrivait de songer avec tendresse à la discipline barbare de la Marine royale.

Pris entre le médiocre Stevens et le brutal Norton, je fus sauvé par ma destinée aventureuse. La Compagnie, alors soucieuse d'amplifier sa richesse et d'étendre son empire, avait deux préoccupations primordiales : découvrir les gisements de cuivre que les Indiens disaient abondants dans la toundra canadienne et trouver le mythique passage du Nord-Ouest, dont on croyait qu'il rapprocherait l'Europe de l'Asie riche d'épices, de soie et d'or. La Compagnie avait donc résolu de dépêcher une expédition dans le Nord canadien qui aurait précisément pour mission de faire tout cela. Économe comme toujours, la Compagnie tenait à engager le moins de dépenses possible dans cette entreprise. Un seul explorateur, accompagné de quelques guides indiens et valets blancs, suffirait à la tâche.

Je fus choisi. En fait, ce fut Norton qui me recommanda au comité de direction de la Compagnie, et sa recommandation fut d'autant plus chaleureuse qu'il tenait absolument à m'éloigner du fort Prince-de-Galles. Comme je rendais au gouverneur l'hostilité dont il m'accablait, j'acceptai avec empressement l'offre de la Compagnie.

Je n'eus qu'un regret en quittant le fort Prince-de-Galles. Ce regret avait un visage et un nom : c'était une jeune Métisse ravissante, elle s'appelait Marie. Cette créature n'avait qu'un défaut, dont elle n'était d'ailleurs nullement responsable : c'était la fille du gouverneur. Défaut que je lui aurais volontiers pardonné si je n'avais pas craint la jalousie meurtrière de cet homme qui ne m'aurait jamais souffert comme gendre.

Moïse Norton avait eu plusieurs enfants de ses nombreuses compagnes indiennes. De toute cette marmaille souvent abandonnée à elle-même, donc piaillante et crottée, Norton ne chérissait que Marie. Pourquoi le cacher ? J'aimais Marie en secret, et si j'acceptai la mission d'exploration qui me promettait autant la mort que la postérité, c'était autant pour satisfaire la curiosité scientifique que m'avait inculquée le savant Wales que pour fuir mon amour impossible pour Marie Norton.

Dessin du fort Prince-de-Galles à la baie d'Hudson par Samuel Hearne.

4

Premier départ

Il fut résolu que je partirais le 6 novembre 1769. Je quittai le fort Prince-de-Galles le cœur heureux, sans le moindre doute quant au succès de ma mission, ainsi qu'il sied à un esprit que l'ignorance a fait hardi, sûr que la liberté est l'œuvre la plus noble et la plus durable de l'aventure.

Je rappelle que j'avais pour mission de trouver le passage du Nord-Ouest par voie de terre et de repérer des gisements de cuivre. J'avais aussi d'autres instructions qui ne faisaient guère honneur à la Compagnie. «Vous ne manquerez pas, m'ordonnait-on, d'exciter vos compagnons indiens à porter la guerre chez leurs voisins afin de se procurer des fourrures et autres articles de commerce, en les assurant qu'on leur en payera un très bon prix à la Factorerie de la Compagnie.» Précisons tout de suite que je ne tins aucunement compte de cet ordre.

J'aurais eu le cœur peut-être plus lourd si j'avais su quel périple m'attendait. La terre où je m'engageais n'avait jamais été parcourue par l'homme blanc.

Devant moi s'étendait un désert où il pleut moins qu'au Sahara, où le sol est éternellement gelé; une contrée parsemée de lacs peu profonds et dont le sol où je serais appelé à marcher 40 milles par jour, chargé comme une bête de somme, porte l'infâme nom de *maskeg*, c'est-à-dire une masse spongieuse où le pied ne s'enfonce que pour trouver des cailloux tranchants comme des rasoirs*; une terre où prospèrent des fauves doués d'une résistance au froid peu commune, comme le bœuf musqué, l'outarde, le caribou en troupeaux innombrables. Les seuls humains de cette terre oubliée de Dieu sont les Esquimaux, au nord, et les Chipewyans, au sud, deux peuplades qui se vouent une haine féroce.

La Compagnie m'adjoignait deux valets et deux chasseurs cris. Mes valets s'appelaient Isbester et Merriman; le premier était marin de son métier et le

---

* Peter Newman.

second cultivateur. Pour guide, Norton m'avait choisi un certain Chachinaha, à qui on donnait le titre de capitaine, et qui commandait effectivement une bande d'Indiens du Nord. Cet individu et ses mauvais compagnons firent que l'expédition se termina vite et mal.

Je remarquai rapidement que le capitaine Chachinaha n'avait point le succès de notre entreprise à cœur; il en représentait les difficultés comme insurmontables, et ne laissait échapper aucun moyen de nous décourager, moi et mes compagnons européens.

Nous voyagions de compagnie, ses hommes, les miens et moi depuis trois semaines, lorsque la pénurie de gibier mit notre expédition en péril. Chachinaha et ses Indiens du Nord n'attendaient que ce prétexte pour nous abandonner à notre sort. Ses brigands et lui pillèrent mes vivres en se moquant de mes protestations et me mirent au défi de rentrer au fort par mes propres moyens. Ils s'enfuirent vers le sud-ouest en faisant retentir les bois de leurs longs éclats de rire.

Mes hommes et moi nous retrouvions privés de notre provision de farine de froment, de gruau et autres aliments anglais. Nous n'avions d'autre choix que de rebrousser chemin et de faire dans le sens inverse les 200 milles que nous avions parcouru si péniblement.

Les cinq malheureux que nous étions, dépourvus même des pierres à feu qui nous auraient permis d'armer nos fusils pour la chasse, fûmes souvent près de croire que la trahison de Chachinaha nous avait condamnés à mort. Nous ne réussîmes à échapper à la famine qu'en capturant ici et là quelques lièvres et en rongeant le cuir bouilli dont nos vêtements étaient faits.

Nous arrivâmes au fort Prince-de-Galles le 11 décembre, à ma grande mortification, et à l'extrême surprise du gouverneur qui avait beaucoup compté sur l'honnêteté et l'intelligence de Chachinaha.

On se gaussa de nous, Norton surtout, mais je n'étais nullement découragé. Quoique fort décevante, cette première tentative m'avait appris qu'un homme apparemment dénué de ressources peut assurer sa survie en cette contrée s'il apprend à vivre de ce que donne le pays et à endurer la souffrance. Je n'allais pas oublier cette leçon.

J'avais remarqué autre chose : mes compagnons cris n'avaient eu aucune pitié pour mes deux valets blancs, Isbester et Merriman, et j'avais souvent dû intervenir pour qu'on les traite mieux. Les Indiens, sachant que ces hommes étaient d'une classe inférieure, leur témoignaient une si grande indifférence, surtout dans les temps de disette, que j'eus quelque crainte de les voir mourir de faim. Cette conduite singulière des Indiens me détermina à ne plus prendre d'Européens avec moi dans mes voyages.

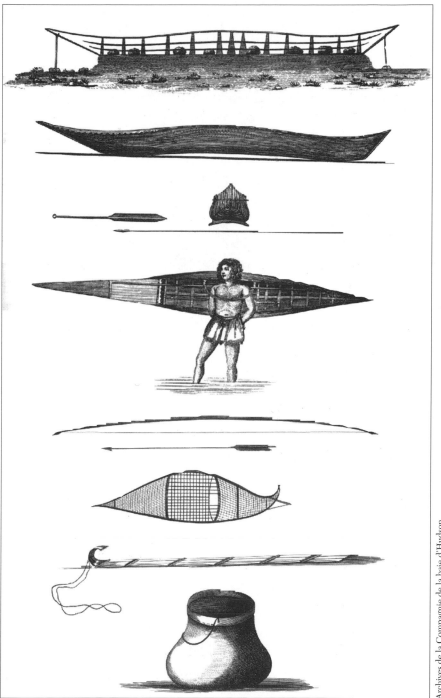

Instruments de la vie quotidienne des Amérindiens,
reproduits de l'édition du journal de Samuel Hearne en 1796.

5

Deuxième départ

J e repartis en février 1770.

Encore une fois, ce fut l'infâme Moïse Norton qui prit le soin de choisir mes compagnons. Son choix se porta sur un Indien du Nord dont les motivations m'apparaissaient plus que douteuses. Cet homme, prénommé Conn-i-kouesc, disait avoir vu les mines de cuivre de l'Arctique qui excitaient tant la convoitise de la Compagnie. L'habile Indien avait compris une chose au contact des marchands blancs : il y avait beaucoup à tirer d'eux, ustensiles et fusils gratuits par exemple, à leur raconter exactement ce qu'ils voulaient entendre.

Il y avait tellement de neige sur les remparts au jour dit que le gouverneur ne fit pas tirer de salves de canon pour saluer le départ de l'expédition. Mes compagnons et moi reçûmes à la place trois acclamations de la part du gouverneur, des officiers du fort et des habitants.

L'expédition s'en fut, équipée d'une tente en peau d'orignal, d'un quadrant Halley qui me servirait à mesurer la longitude et la latitude des points du parcours, de quelques fusils et d'un lot de marchandises destiné au troc avec les tribus que nous rencontrerions. La principale différence entre cette mission et la première était que j'en étais le seul Blanc. N'engageant que ma seule responsabilité, je voulais être le seul à risquer ma vie.

Nous gagnâmes d'abord la rivière du Phoque. La marche était tout aussi ardue qu'au premier départ, à la différence que j'étais un peu plus aguerri cette fois. Nous vivions de ce que le pays nous donnait, le gibier étant tantôt rare tantôt abondant.

Pour la première fois, je fus à même de voir comment les Indiens pêchaient le poisson dont ils étaient si friands, et pour cause, moi-même n'en ayant jamais mangé de meilleur. Brochets, truites et perches des plus belles tailles abondaient. Tout le procédé de la pêche sous la glace en hiver consiste à pratiquer dans la glace des trous en rond, de un ou deux pieds de diamètre, dans lesquels on introduit des hameçons amorcés, que l'on a soin de tenir toujours en mouvement, soit pour empêcher l'eau de se geler faute d'être agitée, soit pour attirer le poisson vers les trous ; car il est reconnu dans ces pays que le poisson se prend plutôt à une amorce en mouvement qu'à celle qui ne l'est pas.

Ce fut également au cours de cette expédition que je compris comment l'Indien se loge dans cette contrée si dure. En général, sa tente est faite de peaux d'orignal peu épaisses qu'il prépare et façonne. Le feu est toujours placé au milieu et à terre. Le reste du plancher est couvert de petites branches de pin, qui tiennent lieu de sièges et de lits. La neige bloque l'air de l'extérieur et garde la chaleur à l'intérieur.

Quittant la rivière du Phoque, nous nous dirigeâmes d'abord vers le lac Baker. L'hiver sévissait encore, et jamais de ma vie je n'avais eu aussi froid. Quand soufflait le *keewatin*, le cruel vent du nord, on se gelait littéralement la moelle des os. Dans des froids pareils, le simple fait de respirer devient un acte d'héroïsme car les poumons risquent de geler. Il faisait si froid que je pus attraper quelques perdrix en me jetant simplement sur elles ; il suffisait de les étouffer sous mon corps jusqu'à ce qu'elles raidissent, mortes de froid. Ayant réussi à survivre à ce premier hiver dans la brousse nordique, je me dis que plus rien désormais ne pourrait m'arrêter.

Le seul problème, c'était le ravitaillement. Le gibier se faisait de plus en plus rare. Conn-i-kouesc était vaillant chasseur mais, en son absence, ses compagnons passaient le plus clair de leur temps à fumer et à dormir. Bientôt, nous dûmes nous contenter d'une pipe et d'un verre d'eau par jour. Jamais de ma vie auparavant je n'avais pensé mourir de faim, un sort que les Indiens de ce pays ne connaissent que trop bien.

Heureusement, le 10 avril, à minuit, Conn-i-kouesc rentra au campement avec le sang et les quartiers de deux daims qu'il avait tués. Tout le monde fut bientôt sur pied, et nous nous empressâmes de faire cuire une grande chaudière de bouillon préparé avec du sang, de la graisse et de la viande coupée en petits morceaux. C'eût été sans contredit un mets très appétissant par tous les temps; il le devenait bien davantage pour des gens affamés.

On attrapa plus tard sept daims et trois beaux castors. Cette viande, quoique peu considérable, aurait suffi, avec un régime frugal, à nous nourrir pendant quelque temps, puisque nous n'étions que six; mais mes compagnons, à l'instar des autres Indiens, ne cessèrent pas de manger tant que les provisions durèrent. Imprévoyants et paresseux, ils ne se donnèrent même pas la peine d'aller visiter les filets de pêche, de sorte que beaucoup de beaux poissons qui s'y étaient pris se gâtèrent tous et, en moins de douze à quatorze jours, nous nous retrouvâmes dans le même état de disette que précédemment.

Nous reprîmes notre route, mais nous n'avancions pas facilement en raison de la rareté du gibier. Dans un pays comme celui-là, il faut manger beaucoup de viande pour lutter contre le froid et la fatigue ; or, la nature ne se montrait pas souvent généreuse. Le 13 mai, mes guides abattirent deux cygnes et trois oies, ce qui soulagea notre faim. Mais le gibier ailé était aussi peu abondant que les grands élans.

En pareil temps de disette, rares sont ceux qui font les difficiles. Je m'en aperçus le jour où nous tuâmes trois bœufs musqués. Comme il pleuvait et neigeait en même temps, il nous était impossible de faire du feu, nous fîmes donc le sacrifice de nos goûts : on mangea les bêtes crues, malgré la dureté de la viande et la forte odeur de musc qui s'en dégageait. Je me consolai vite en me disant que le gourmet le plus fin en eût fait autant à notre place, tellement nous étions affamés.

Un dernier mot au sujet de la faim que j'ai connue là-bas. De tous nos besoins naturels, si l'on excepte la soif, il n'en est pas de plus difficile à supporter que la faim, surtout lorsqu'on fait une vie errante comme c'était mon cas à l'époque. Le mal de la privation s'aggrave alors par l'incertitude de sa durée et des moyens propres à l'écarter, aussi bien que par les fatigues qu'il faut encourir pour le faire cesser et les contretemps qui déjouent le plus souvent les plans les mieux combinés et les mieux suivis.

Dans une telle situation, non seulement le corps, mais aussi les facultés intellectuelles s'affaiblissent en raison de chaque effort fait pour y remédier. En outre, faute d'action, l'estomac perd tellement ses capacités digestives qu'on ne peut les lui faire recouvrer qu'avec bien du temps et des soins. Je ne l'ai que trop éprouvé au cours de ce voyage, où la faim et la fatigue m'ont amené plusieurs fois si bas que, lorsque la Providence me faisait rencontrer quelques provisions, à peine mon estomac pouvait-il recevoir deux ou trois onces de nourriture sans ressentir la plus violente oppression.

Un autre effet non moins fâcheux des longs jeûnes est la difficulté extrême avec laquelle s'opèrent les évacuations naturelles dans les premiers temps. Il faut s'être trouvé dans un pareil état pour avoir une idée des douleurs qui l'accompagnent.

Deux fois nous passâmes trois jours sans manger et, tandis que nous étions à She-than-ni, nous ne vécûmes, pendant près de sept jours, que de quelques baies, d'os brûlés trouvés sur les lieux de bivouac abandonnés, de morceaux de vieux cuir et d'eau. J'ai presque toujours vu dans ces temps de disette totale les Indiens faire l'inventaire de leur garde-robe, qui consistait principalement dans des habits de peaux, pour en distraire les moins bons et les sacrifier à leur faim, qu'ils apaisaient tantôt avec une peau de daim à moitié pourrie, tantôt avec de vieux souliers.

Les Indiens du Sud prétendent, et c'est une opinion générale parmi eux, que lorsque quelques membres de leur tribu ont été conduits par la nécessité à manger de la chair humaine, ils y prennent tellement goût, que personne n'est plus en sûreté parmi eux. Quoique ce peuple n'impute jamais à crime cet acte horrible quand la nécessité seule a poussé un individu à le commettre, ce dernier est fui et abhorré de tous ceux qui le connaissent, au point que nul Indien ne voudrait habiter la même tente que lui, et qu'il arrive fréquemment qu'on le tue en secret.

J'ai vu plusieurs de ces Indiens que la faim avait conduits à manger un de leurs semblables. Aimés et estimés généralement avant cet incident, ils étaient tombés depuis dans un mépris universel. Tout annonçait en eux une profonde mélancolie, et leurs yeux, messagers de leurs cœurs, semblaient dire : « Pourquoi nous accabler de votre mépris ? L'instant n'est peut-être pas éloigné où vous serez entraînés par la même nécessité ! »

Lorsque le gibier redevint abondant, j'assistai à des gaspillages que j'aurais eu peine à imaginer si je ne les avais pas vus de mes yeux vus. Les Indiens tuaient tout le gibier qu'ils pouvaient sans penser aux lendemains plus durs qui les attendaient peut-être. Parfois, les daims étaient si nombreux qu'on les abattait uniquement pour en manger la langue, la moelle et la graisse.

L'été s'avéra presque aussi épouvantable que l'hiver. En juin, je poursuivais mon voyage, le dos comme toujours chargé d'un sac de 60 livres, le quadrant et son trépied à la main, le visage badigeonné de graisse d'outarde pour me protéger des nuages de moustiques si épais qu'ils occultaient le soleil. Nous atteignîmes bientôt le lac Yakthkyed qu'aucun homme blanc n'avait encore vu.

Il se produisit ensuite un phénomène extraordinaire. Des Chipewyans, n'ayant rien à faire de leur temps, décidèrent de se joindre à nous par pure curiosité. Ils voulaient savoir où nous allions et tenaient à nous accompagner. Comme un enfant faisant l'école buissonnière suit un compagnon affairé dans le seul but de satisfaire une curiosité qu'il ne connaît même pas. Tous les jours, de nouveaux partis d'Indiens oisifs venaient grossir nos rangs, si bien qu'au bout de quelque temps nous étions plus de six cents âmes à cheminer de compagnie. Je me faisais l'effet d'un maire conduisant un village nomade, et j'aurais bien ri de la situation si j'avais su moi-même où nous allions.

L'automne venu, l'incompétent Conn-i-kouesc, incertain de l'emplacement des mines de cuivre, décida d'hiverner avec les nomades. Je n'avais d'autre choix que d'accepter, étant à sa merci. Peu après, le malheur voulut que mon quadrant se brisât lorsqu'une rafale le jeta par terre. Nous nous trouvions alors au lac Dubawut, il ne nous restait plus de marchandises de troc, et mes compagnons, anciens et nouveaux, murmuraient maintenant que j'étais devenu une bouche inutile. Je craignais donc de revivre une mésaventure semblable à celle que j'avais connue durant la précédente expédition.

Conn-i-kouesc allait vite confirmer mes appréhensions. Il ne leva pas le petit doigt pour me défendre lorsque des Indiens du Nord, nouveaux venus parmi nous, me dépouillèrent sans vergogne de mes vivres et m'intimèrent l'ordre de déguerpir.

Rien n'égale l'insolence et le sang-froid dont firent preuve ces brigands dans ma tente. Le chef de la bande commença par s'asseoir près de moi. Lui et ses camarades me prièrent de leur prêter mon *skipertogan* — petit sac artistement orné de grains et de poil de bœuf marin qui contient une pierre à feu, un briquet, du bois pourri, une pipe et du tabac en feuilles —, pour qu'ils y prennent du tabac. Après avoir fumé deux ou trois pipes, ils me demandèrent plusieurs articles, et, entre autres, un paquet de cartes. Leur ayant répondu que je n'avais aucun des objets qu'ils désiraient, l'un d'eux, portant la main sur mon sac, me demanda si c'était le mien. Avant que je puisse répondre affirmativement, lui et ses compagnons avaient déjà dispersé mes effets par terre. Chacun s'empara de ce qui pouvait lui convenir, et ils ne me laissèrent que le sac vide.

Songeant à mon retour prochain au fort Prince-de-Galles, je leur dis que j'avais besoin d'un couteau pour couper ma viande, d'une alêne pour raccommoder mes souliers, et d'une aiguille pour réparer mes hardes. Ils me donnèrent ces articles, en m'assurant néanmoins que c'était une grande faveur qu'ils me faisaient.

Heureusement, j'étais nanti cette fois d'une certaine connaissance des mœurs indiennes. Au lieu de me fâcher, je déclarai à mes pillards, en souriant, qu'on ne ferait qu'alléger ma charge pour le voyage de retour. Je demandai poliment qu'on ajoutât seulement un bout de savon à mon viatique. À tant faire qu'être condamné à mort, je tenais à paraître digne devant mon Créateur. En bon Anglais, il ne serait pas dit que je mourrais sans avoir fait un brin de toilette. Surpris par ma civilité, les Indiens acceptèrent.

Je me retrouvais seul de nouveau. Déplorant l'inhumanité de mes compagnons, me voyant égaré et seul au monde, l'hiver approchant, je me croyais promis à une mort prochaine. Personne ne me ferait de sépulture et j'aurais pour cercueil la gueule des charognards. Mais je vis bientôt l'inutilité de m'apitoyer sur mon sort. Je me remis en marche, décidé à lutter jusqu'à mon dernier souffle et, au pis, à mourir debout.

Jeune Chipewyan en costume traditionnel.

6

Matonabi

Pendant trois jours, je cheminai vers le sud, jusqu'à ce que la faim et le froid m'eussent presque épuisé. Mais alors, il se produisit, le 2 septembre 1770, un miracle comme seuls les aventuriers en sont témoins. Je m'en souviens comme si c'était hier : Matonabi apparut à ma personne presque morte de froid.

C'était un grand chef, fils d'un chasseur chipewyan et d'une esclave crie. Adopté dans son enfance par le gouverneur Richard Norton, il parlait un peu l'anglais et se sentait tout aussi à l'aise dans les factoreries de la Compagnie que dans la vaste toundra.

Dans mon malheur, je ne pouvais être secouru par Indien plus généreux que lui. Il s'enquit de ce qui m'était arrivé et me prodigua aussitôt les marques de l'amitié la plus sincère. Il me donna à manger, m'habilla de peaux de loutre, me fit fabriquer des raquettes, un traîneau, et après quelques jours de soins j'étais ragaillardi et prêt à reprendre la route.

Pendant ces jours de repos, j'eus l'occasion de m'entretenir longuement avec Matonabi des causes de mon insuccès. Il me dit alors une chose qui me frappa : à son avis, si j'avais échoué deux fois, c'était parce que mes expéditions ne comptaient aucune femme. Lui-même, me confia-t-il, ne voyageait jamais sans ses épouses, qui étaient toujours au nombre d'une demi-douzaine au minimum. C'étaient elles, me dit-il, qui se chargeaient des travaux durs comme porter les bagages, monter les tentes, faire le feu et la cuisine. Ainsi libéré de telles tâches, il pouvait concentrer toute son attention sur ce qu'il savait le mieux faire : tracer l'itinéraire, chasser, combattre ses ennemis. Sans le secours des femmes, me dit-il, il ne se fait rien de grand en ce pays.

Je répondis à cela que Moïse Norton m'avait interdit de prendre des femmes avec moi. À ces mots, Matonabi éclata de rire. Il connaissait lui aussi la jalousie du gouverneur, qui ne pouvait souffrir aucune concurrence dans ce domaine.

Ayant repris mes forces, je suivis Matonabi qui me guida jusqu'au fort Prince-de-Galles que j'avais quitté, huit mois et vingt-deux jours auparavant.

J'étais certes reconnaissant à cet homme magnifique de m'avoir sauvé d'une mort certaine, mais j'enrageais silencieusement d'avoir de nouveau échoué dans ma mission. Le gouverneur se montra tout aussi méprisant que lors de mon précédent retour. Mes compagnons anglais, plus indulgents cette fois et moins généreux de quolibets, me pressèrent d'accepter un emploi plus tranquille au service de la Compagnie; eux-mêmes se contentaient fort bien de pratiquer bien au chaud la traite des fourrures avec les Indiens, sûrs de dormir dans un lit douillet toutes les nuits et de ne jamais manquer de thé et de biscuits à l'avoine. Mais la sinécure n'avait guère d'attrait pour moi, et je pensais qu'il serait toujours temps d'en accepter une dans mon âge avancé, et que la jeunesse est le temps de l'aventure: je ne voulais pas passer le reste de mes jours à regretter une telle occasion.

Lorsque je mis Matonabi au courant de ma volonté de repartir, il s'offrit de m'accompagner, ne posant pour condition que d'emmener sa famille avec nous. Laquelle famille se composait alors de six femmes et de neuf enfants. Étant plus au fait des mœurs indiennes, je ne m'étonnai point de cette condition et l'acceptai sans réserve. Pas plus que je ne m'étonnais de ses habitudes polygames : un Indien du Nord qui a une famille aussi nombreuse est fort respecté en ces contrées car il montre ainsi qu'il est homme capable de grandes chasses. De plus, une confiance spontanée m'unissait à mon sauveur, et j'étais sûr de réussir avec lui. Je connaissais mieux le terrain moi-même, j'étais plus aguerri et j'avais l'intime conviction que cette troisième expédition serait la bonne.

Lorsque j'informai mon supérieur, Moïse Norton, de mon nouveau projet de voyage, il ricana et me souhaita bonne chance. Il me fallut tout le respect qu'un employé de la Compagnie doit à ses chefs et le souvenir des beaux yeux de Marie pour me retenir de l'assommer.

Je quittai son cabinet en dissimulant ma colère ainsi que les Indiens me l'avaient appris, mais j'entendais plus que jamais cette voix intérieure qui m'encourageait à essayer de nouveau. Une fois de plus instruit par l'expérience, je partirais avec le moins d'équipement possible, je ferais corps avec la terre du Nord, ne prenant pour subsistance que ce qu'elle voudrait bien me donner, et je m'unirais aux peuplades indiennes dont je me ferais l'élève et non le maître.

J'allais réussir.

Samuel Hearne en route pour la rivière Coppermine, en 1770,
par C. W. Jefferys.

7

Troisième départ

D ouze jours après mon retour peu glorieux au fort Prince-de-Galles, je reprenais la route des grands espaces. Le voyage allait durer dix-neuf mois.

Je repartais nanti d'un nouvel ordre de mission qui ne faisait nulle mention des pratiques de commerce répugnantes qui m'étaient conseillées dans le premier. «Ordres et instructions pour M. Samuel Hearne, chargé d'une troisième expédition au Nord de la rivière Churchill, à l'effet de rechercher un passage au Nord-Ouest, des Mines de cuivre, ou tout autre objet de quelque utilité, soit pour la nation britannique en général, soit pour la Compagnie de la baie d'Hudson en particulier.»

Fidèle à ma résolution, je n'emportais qu'un vieux quadrant, un peu de tabac pour le troc — de ce bon tabac noir du Brésil dont les Indiens du Nord sont si friands —, quelques couteaux, un manteau de rechange, une couverture, un fusil, des munitions et quelques outils de fer.

Encore une fois, la faim ne tarda pas à se faire sentir dans nos rangs. Le gibier était rare et, dès qu'il redevenait abondant, je m'étonnais de la voracité des Indiens. Ils sont semblables à l'ours noir qui ne se rend pas compte que sa faim est satisfaite, à tel point que l'été, lorsque les fruits sont mûrs, il en avale une telle quantité que souvent, ou plutôt chaque fois, il est obligé d'en rendre une partie faute de pouvoir tout digérer, après quoi il se remet à manger comme à son ordinaire. Les Indiens du Nord savent néanmoins supporter la faim avec une résignation qu'il est plus facile d'admirer que d'imiter.

Il nous fallut quatre mois de marche pour atteindre la rivière Thele-wey-aza. À cet endroit, Matonabi acheta une nouvelle femme, sa septième. Je dois préciser ici que les Indiens de ces contrées ont coutume d'acheter et de vendre des femmes, quand ils ne les volent pas tout simplement à leurs ennemis. Matonabi avait donc maintenant sept femmes, qui avaient toutes l'air de solides gaillardes,

des femmes capables de marcher toute la journée avec 140 livres sur le dos. À côté d'elles, plus d'un Européen auraient eu l'air de mauviettes.

Les femmes de Matonabi avaient ceci de particulier qu'elles portaient toutes le nom d'une partie de l'hirondelle : Patte d'hirondelle, Aile d'hirondelle, Œil d'hirondelle. Le chef devait avoir un faible pour cet oiseau.

Ces femmes ne craignaient pas la douleur. À la rivière Thele-wey-aza, j'en vis une qui mit cinquante-deux heures à accoucher. Aussitôt que cette pauvre femme fut délivrée, après avoir souffert tout ce qu'on éprouve en pareil cas, le signal du départ fut donné, et la malheureuse créature, prenant son enfant sur son dos, se mit en marche avec le reste de la troupe. Ses plaintes me déchiraient le cœur, et cela m'affligeait d'autant plus qu'il n'était pas en mon pouvoir de la soulager.

Après la traversée du lac Peshew, Matonabi, ce chef au grand cœur, vécut les tourments d'un chagrin d'amour. Dans la nuit, une de ses femmes le quitta, suivie d'une autre Indienne. On supposa qu'elles avaient pris la direction de l'est, dans l'espérance d'y rencontrer leurs premiers maris, à qui elles avaient été enlevées de force quelque temps auparavant.

Cette fuite occasionna plus de train que je n'aurais pu l'imaginer. Matonabi paraissait absolument déconcerté et inconsolable de la perte de sa femme. C'était certainement la plus belle de toutes. À une taille moyenne, elle joignait un très beau teint; elle annonçait un caractère doux, et possédait des manières engageantes. En totalité, elle semblait réunir toutes les bonnes qualités qu'on peut attendre d'une Indienne du Nord, et pouvant rendre heureux un habitant de cette partie du monde. Elle n'avait pas l'air de l'être avec Matonabi, et préférait, sans doute, être l'unique compagne d'un jeune homme plein d'ardeur, et d'un rang suffisamment élevé pour la protéger, que de partager la septième ou la huitième partie du cœur du plus grand personnage du pays.

Une précision ici. Il est d'usage chez les Indiens de ces contrées de lutter entre eux pour la possession de leurs femmes, et celles-ci restent toujours avec le vainqueur. Il est rarement permis à un Indien peu robuste, à moins qu'il ne soit bon chasseur, de garder une femme qu'un homme plus fort désire avoir.

Cet acte par lequel les plus forts cherchent à ravir aux plus faibles leurs femmes et leurs propriétés, quoiqu'il soit accompagné de la plus grande brutalité, peut à peine, cependant, être appelé un combat; car je n'ai jamais vu aucun Indien recevoir la moindre blessure en pareille occasion. L'affaire consiste ordinairement à se prendre aux cheveux, et rarement en vient-on aux coups de part et d'autre. Assez communément l'un des adversaires prend la précaution de se raser la tête et de s'enduire les oreilles de graisse.

Je n'ai jamais assisté à l'un de ces combats sans être vivement ému de voir l'objet de la querelle attendant, dans un morne silence, ce que le sort déciderait pour elle, tandis que son mari la disputait à son rival. J'ai vu plusieurs de ces infortunées être mises absolument nues et emmenées de force à leur nouveau logement. Il s'agissait surtout de jeunes filles, et leur misère faisait peine à voir.

Photo: George M. Douglas.

Samuel Hearne atteint la rivière Coppermine
le 15 juillet 1771 à Sandstone Cliffs.

8

Sur le sentier de la guerre

C omme à la deuxième expédition, d'autres partis de Chipewyans se joignirent à nous ; nous fûmes bientôt une soixantaine. Cela ne me dérangeait guère, j'avais pris l'habitude de ces regroupements spontanés au cours du précédent voyage.

Mais lorsque nous parvînmes au lac Corgecathawachaga, des Indiens du Cuivre s'ajoutèrent au groupe avec le dessein de partir en guerre contre les Esquimaux. Matonabi et les siens ayant été convaincus sans peine de prendre part à cette expédition qui n'annonçait rien de bon, je les vis se mettre aussitôt à fabriquer des boucliers et des lances dans l'allégresse.

Lorsque je fus informé des intentions de mes compagnons, et que je vis leurs préparatifs hostiles, je fis tout ce qui était en mon pouvoir pour les empêcher de mettre à exécution un dessein aussi barbare. Projet contre lequel je protestai autant, je l'avoue, pour le retard que ma mission risquait de prendre à cause de cela que pour des motifs humanitaires. Isolé, je ne fus guère écouté.

Mes instances et mes sollicitations, loin de produire sur eux l'effet que j'en désirais, ne servirent qu'à leur faire douter de mon courage, et ils me répondirent avec dérision que j'avais peur des Esquimaux.

Comme je savais que ma sûreté personnelle demandait qu'ils eussent de moi l'opinion contraire, je fus obligé de changer de ton et je leur dis que je n'avais aucun intérêt à ce qu'ils éteignissent le nom et la race des Esquimaux. En même temps, ajoutai-je, quoique je ne fusse point l'ennemi de ce peuple et que je ne crusse point qu'on dût l'attaquer sans motif, s'il était nécessaire d'en venir à cette extrémité pour défendre quelqu'un de ma troupe, on me verrait sacrifier ma vie pour celles de toutes les personnes qui m'accompagnaient. Cette déclaration fut accueillie avec une grande satisfaction, et à compter de ce moment je m'abstins de me mêler de leurs projets de guerre.

Un mot sur les Esquimaux. Cette fière peuplade commerce peu avec la Compagnie de la baie d'Hudson, si bien que rares furent ceux d'entre eux dont je fis la connaissance. Mais leur éloignement du trafic des fourrures ne leur fait aucun tort, au contraire. Quoique ancien trafiquant de pelleteries moi-même, je suis obligé de déclarer que les pauvres Indiens ne retirent aucun bénéfice réel de ce commerce et il est même prouvé que ceux d'entre eux qui n'ont aucun rapport avec la Factorerie sont les plus heureux.

Gens prévoyants, les Esquimaux vont toujours munis d'un petit sac qui leur sert de garde-manger. Tant que leurs provisions durent, ils n'ont rien d'autre à faire pour contenter leur faim que d'ouvrir un de leurs sacs. Après en avoir sorti quelques morceaux de veau marin, de cheval de mer, ou de saumon à demi pourri, ils s'asseyent par terre, et mangent le tout sans préparation.

Le lac ou la rivière qui supporte leurs tentes leur fournit leur boisson habituelle. Outre les mets singuliers dont je viens de parler, les Esquimaux en ont plusieurs autres, également dégoûtants pour un Européen. Je n'en citerai qu'un, le plus estimé parmi eux après le poisson. Ce mets consiste en un foie de daim cru, coupé en petits cubes d'environ un pouce carré, auxquels on ajoute les aliments contenus dans l'estomac de l'animal. Plus les aliments sont digérés, plus le ragoût est apprécié. Il est impossible de décrire ou de concevoir le plaisir que ces Esquimaux éprouvent en le mangeant; ils n'en écartent même pas les vers quand il y en a.

Ces Esquimaux vivent dans un état de liberté absolue. Aujourd'hui, la sagesse de l'âge ayant fait son œuvre en moi, je dirai qu'ils sont peut-être le peuple le plus heureux que j'aie vu de ma vie.

Quant aux Indiens du Cuivre qui s'étaient joints à nous, j'étais le premier Blanc qu'ils voyaient. Il était curieux de les voir s'attrouper autour de moi, m'examinant de la tête aux pieds avec la même ardeur et la même attention qu'un naturaliste européen mettrait à observer un animal inconnu.

Ces nouveaux venus finirent par déclarer que j'étais un être parfait, sauf pour la couleur de mes cheveux et de mes yeux. Ils dirent que les premiers ressemblaient au poil de la queue d'un buffle, et les derniers, par leur petitesse, à ceux d'une mouette. La blancheur de ma peau ne parut point non plus leur plaire; ils la comparaient à la couleur que prend la viande, après qu'on l'a lavée pour en extraire tout le sang. En général, j'étais un objet si intéressant pour les peuples de cette partie du globe que, pendant tout le temps que j'y séjournai, c'était à qui récupérerait de mes cheveux lorsque je me peignais. Chacun les ramassait et les serrait avec soin, en me disant: «Je vous les montrerai quand vous reviendrez.»

Ce fut chez les Indiens du Cuivre que je goûtai à un mets fort apprécié de ces gens: le *bécati* de daim. C'est une espèce de boudin fait avec du sang, une bonne quantité de graisse, et les chairs les plus tendres de l'animal, auxquelles on ajoute le cœur et les poumons coupés très menu. L'estomac du daim sert d'enveloppe à cette préparation, qu'on suspend devant le feu au moyen d'une corde. C'est certainement un mets délicieux, et qui n'a besoin ni de poivre, ni de sel, ni de quelque autre assaisonnement.

Nous étions, je le vis par la suite, fort près de notre but, à savoir la rivière du Cuivre qui débouche sur la mer. L'endroit où il fut décidé qu'on attaquerait était un campement au bord d'une rivière, emplacement qui avait été repéré par nos éclaireurs. Je donnai à cet endroit, après les événements que je vais raconter, le nom de cascade du Massacre. Le lecteur verra bientôt pourquoi.

La cascade du Massacre (Bloody Falls) sur la rivière Coppermine,
où une vingtaine d'Esquimaux sont massacrés par les Chipewyans,
le 17 juillet 1771.

9

La cascade du Massacre

C'était le 17 juillet, peu après minuit. Malgré l'heure tardive, il faisait jour car, en cette saison, le soleil ne se couche jamais sur cette contrée. Le camp de chasse esquimau que nos éclaireurs avaient repéré se composait de cinq tentes plantées le long de la rivière ; une vingtaine d'hommes, de femmes et d'enfants y résidaient.

Avant l'attaque, je dis aux Indiens que je les accompagnerais ; mais je les prévins en même temps que je ne participerais point aux meurtres qu'ils allaient commettre, à moins que ma sûreté personnelle ne l'exigeât.

Mes compagnons se nouèrent les cheveux, se peignirent le visage et se débarrassèrent de certains vêtements pour rendre la fuite plus aisée, comme ils me l'expliquèrent.

L'attaque eut lieu, ainsi que je le redoutais. Rien ne peut être comparé à cette scène de destruction. Les pauvres Esquimaux, surpris au milieu de leur sommeil, ne purent opposer la moindre résistance. Hommes, femmes et enfants se précipitèrent tout nus hors des tentes, dans le dessein de se sauver; mais comme les Indiens gardaient toutes les issues du côté de la terre, et que les Esquimaux répugnaient à se jeter dans l'eau glacée, tous périrent, victimes de la barbarie des Indiens.

Les cris et les gémissements de ces infortunés me déchiraient le cœur; et je fus doublement frappé d'horreur en voyant une jeune fille, qui pouvait avoir dix-huit ans, blessée si près de moi que, au premier coup de lance qu'elle reçut, elle tomba à mes pieds, et s'agrippa avec une telle force à mes jambes que j'eus toutes les peines du monde à me dégager, quoique la malheureuse perdît beaucoup de sang.

Elle était poursuivie par deux Indiens que je suppliai de lui laisser la vie; les monstres, pour toute réponse, lui plongèrent en même temps leurs lances à travers le corps, et la clouèrent, pour ainsi dire, à terre. Me regardant alors en face, ils me demandèrent, d'un air moqueur, si j'avais besoin d'une femme esquimaude. Je demandai qu'on abrégeât à tout le moins ses souffrances : on se rendit à mes prières et on lui enfonça une lance dans le cœur.

Mon indignation, mon désespoir et mon saisissement, à la vue de cette boucherie, ne sauraient se concevoir et encore moins être décrits. Quelques efforts que je fisse pour retenir mes larmes, il m'en échappait par intervalles ; et je suis assuré qu'il n'y avait pas un seul de mes traits qui n'exprimât toute l'horreur dont j'étais pénétré. À l'heure même où j'écris, je sens sourdre de nouveau mes pleurs au souvenir de cette lamentable nuit.

Les Indiens examinèrent la conformation des femmes qu'ils avaient massacrées pour s'assurer que les Esquimaudes étaient bel et bien différentes de leurs propres femmes. Je ne dirai pas tout l'effroi que leurs procédés m'inspirèrent en cette occasion.

Ces pauvres hères n'avaient jamais vu les armes modernes que les Blancs fournissent aux Indiens en échange de fourrures. Ayant aperçu un autre campement d'Esquimaux sur la rive orientale de la rivière de Cuivre, mes compagnons décidèrent de leur tirer dessus, ne pouvant les rejoindre par voie de terre. Lorsque les Indiens se mirent à faire feu sur les tentes qui se trouvaient en face de nous, les Esquimaux en sortirent pour voir de quoi il s'agissait et ils examinèrent les plombs qui étaient tombés par terre.

Lorsqu'une balle atteignit l'un d'eux à une jambe, ils s'enfuirent tous en poussant des cris. Mais les projectiles des Indiens furent plus rapides qu'eux.

Les Indiens entonnèrent alors leur chant de guerre pour marquer leur triomphe et se livrèrent au pillage du campement qu'ils avaient pris. Le massacre n'était pas terminé, hélas ! Ils se saisirent d'un vieillard qui rentrait au village sans se douter que les siens avaient tous été assassinés : la fureur des assaillants se rallumant à sa vue, ils se précipitèrent sur lui et lui trouèrent le corps de coups de lance. Ils capturèrent aussi une femme qu'ils martyrisèrent avec une joie cruelle, puis ils lui arrachèrent les yeux et l'achevèrent.

Après le massacre, les Indiens saccagèrent tout, jetèrent à la mer le poisson séché des Esquimaux et brisèrent tous les ustensiles de pierre de leurs victimes. Ensuite ils s'assirent et firent un excellent repas de saumon froid.

Quelques heures à peine après cette boucherie, les tueurs redevinrent explorateurs et me guidèrent vers la chute qui débouchait sur ce qu'on appelle aujourd'hui l'océan Arctique. Voyant bien que le passage du Nord-Ouest n'existait pas, je fus amèrement déçu. J'avais souffert toute cette peine en vain. Devant le paysage impitoyable qui s'étalait sous mes yeux, je compris que le rêve de trouver un canal maritime naturel en Amérique du Nord, qui permettrait à l'Europe d'accéder à l'Asie, venait de s'éteindre. J'érigeai tout de même un cairn sur les lieux pour prendre possession du territoire au nom de la Compagnie de la baie d'Hudson.

Le Grand Lac des Esclaves en hiver, par Samuel Hearne, 1771.

10

La belle ingénieuse

J'avais accompli ma mission. Il me fallait rentrer.

Sur le chemin du retour, mes compagnons et moi remontâmes la rivière du Cuivre pendant trois jours ; de là, nous franchîmes le ruisseau Brûlé et les montagnes de Septembre à la recherche du cuivre dont parlent les légendes indiennes.

Parvenus un jour à un site où l'on disait le cuivre abondant, nous en trouvâmes un morceau de quatre livres après une battue qui dura quatre heures. Je décidai de le rapporter à mes supérieurs de la Compagnie pour leur donner une idée de la richesse de ce pays en minéraux.

Le retour ne fut guère facile. Mes amis indiens étaient pressés de rentrer. Moi qui avais eu à souffrir des ampoules aux pieds depuis la première expédition avortée, j'avais maintenant les pieds continuellement ensanglantés, et chaque pas me faisait laisser une trace de sang derrière moi.

Mes amis, dont le corps était pourtant plus aguerri que le mien aux privations et aux longues marches, souffraient tout autant. Comme eux, cependant, je me gardais bien d'émettre la moindre plainte, car il n'est de vertu que les Indiens pratiquent davantage que l'endurance à la douleur.

Comme la marche était fort longue, nous décidâmes de nous arrêter au bord d'un lac hospitalier pour reprendre des forces. Plusieurs des Indiens étant tombés malades, les sorciers, qui sont les médecins du pays, et qui prétendent pouvoir guérir tous les maux, commencèrent à essayer sur eux leurs remèdes.

Il est nécessaire de faire observer que toute leur médecine, pour les maux tant internes qu'externes, ne consiste que dans des charmes. Lorsque le mal est extérieur, ces jongleurs, après avoir toussé, craché et prononcé beaucoup de mots inintelligibles, sucent la partie malade, puis soufflent dessus et finissent par chanter; tel est tout leur procédé.

Pour les maladies internes, comme des coliques, des problèmes de miction, etc., il est très ordinaire dc les voir souffler dans l'anus ou les parties voisines, quels que soient l'âge et le sexe du malade, et ils ne s'arrêtent que lorsque les yeux leur sortent presque de la tête. La quantité de vent qu'ils injectent par ces ouvertures cause quelquefois aux malades des émotions extraordinaires qu'il leur est difficile de retenir, et comme le vent n'a d'autre issue que le canal par lequel il a été introduit, il en résulte souvent des scènes vraiment comiques entre le malade et le médecin. Il n'est pas permis à un Européen de rire de ces scènes, cela offense beaucoup les Indiens.

Tout le monde étant sur pied de nouveau, nous reprîmes notre route et rencontrâmes quelque temps après une Indienne de la tribu dite des Côtes-de-chiens qui avait été faite prisonnière par les Athapaskans durant l'été de 1770. Cette femme, qui était du reste très belle, n'avait pas vu figure humaine depuis sept mois. Tout ce temps, elle avait vécu dans les bois, vivant du pays ainsi que tous les Indiens apprennent à le faire. L'ingénieuse femme avait fabriqué des filets avec des branches et quelques lacets: elle avait ainsi attrapé des petits animaux — écureuils, lièvres, perdrix et porcs-épics — pour assurer sa subsistance. Elle s'était également fait un abri pour se préserver du froid et des grands fauves. Quand nous la rencontrâmes, elle se portait fort bien et avait même un garde-manger bien garni dans sa petite habitation de fortune.

Séduits par les charmes et les talents de la belle Indienne, plusieurs de mes compagnons se prirent d'amour pour elle; et la nuit n'était pas arrivée que celle-ci avait déjà dix rivaux prêts au combat.

Matonabi, mon guide, qui possédait sept femmes, parmi lesquelles une petite fille de onze ou douze ans, se serait mis sur les rangs si l'une de ses femmes ne lui avait pas fait honte en lui disant qu'il avait déjà plus de maîtresses qu'il ne pouvait en satisfaire. Ce propos, tout fondé qu'il était, fut funeste à cette femme, car Matonabi, qui avait la prétention de valoir huit à dix hommes, se précipita sur elle, et la rua tellement de coups qu'elle mourut après avoir langui quelque temps.

La belle Côte-de-chien fut finalement prise par un autre que Matonabi, sort qui ne fut pas sans me peiner quelque peu. Pour ma part, j'aimais aller la retrouver le soir et l'entendre raconter ses aventures.

Elle me révéla ainsi l'aventure qu'elle avait vécue. Elle vivait en paix avec les siens, entourée de son mari et de son enfant, lorsque les Athapaskans avaient attaqué son campement. Tous ses proches avaient été massacrés, dont son mari, et elle avait été emmenée en esclavage dans la tribu ennemie. Mais elle avait pu sauver son enfant en le cachant dans ses amples vêtements. Au village des meurtriers, des femmes avaient aperçu l'enfant et, par pure cruauté, l'avaient étranglé.

La belle avait ensuite été mariée de force à l'un de ses ravisseurs. Celui-ci s'attacha passionnément à sa personne, mais elle ne voulut point du bonheur qu'il lui offrait. Elle préféra s'exposer à la misère et à la mort plutôt que de continuer à vivre dans l'abondance parmi les bourreaux de son enfant.

À ce récit, que je comptai parmi les plus touchants que j'avais jamais entendus, mes compagnons éclatèrent cependant de rire. Dans des moments comme celui-là, devant une telle insensibilité, je désespérais de me rapprocher un jour de ceux avec qui j'avais vécu tant d'aventures exaltantes. Et je fus contraint, comme d'habitude, de garder ces beaux sentiments pour moi seul.

Ma sensibilité n'allait pas tarder à être de nouveau mise à l'épreuve. Le 14 avril, nous rencontrâmes un parti d'Indiens fort pauvres. Ces créatures, comparés à nous, manquaient du plus strict nécessaire et vivotaient comme ils le pouvaient en cette contrée si dure. Mes compagnons n'eurent aucune pitié pour eux. Les hommes furent cruellement battus, les femmes violées, et on les dépouilla même du peu qu'ils possédaient.

Encore une fois indigné par autant de férocité inutile, je leur adressai les reproches les plus amers. Loin d'être touchés de mes remontrances, ils plaisantaient de ma sensibilité, et ils ne craignirent pas d'ajouter que si une de mes parentes ou amies s'était trouvée parmi les Indiennes, ils l'eussent traitée de la même manière.

Le retour prit presque un an. Je franchis ainsi à pied le Grand Lac des Esclaves au cours de l'hiver. Un lac dont la taille même sidère l'esprit le plus revenu de tout : le onzième plus grand lac du monde, 300 milles de longueur, 2 000 pieds de profondeur*.

Le 29 juin 1772, soit dix-huit mois et vingt-deux jours après mon départ, je rentrais au fort Prince-de-Galles. Je n'avais rien découvert dont la Compagnie pusse faire son profit, mais il me restait la satisfaction d'avoir accompli ma mission.

---

* Peter Newman.

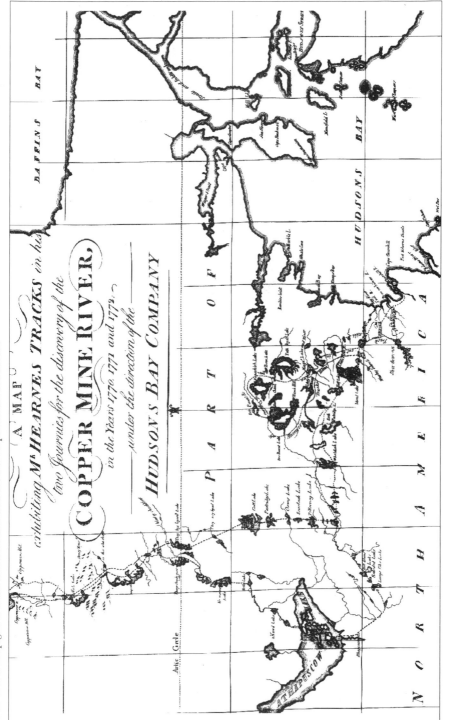

Carte des deux voyages de Samuel Hearne à la découverte de la rivière Coppermine.

11

Bilan

Voici qui donne une petite idée de ce que j'avais fait. J'avais parcouru 3 500 milles, à pied je le rappelle. Ce qui reviendrait à marcher de Gibraltar, au sud de l'Espagne, jusqu'à Moscou, la capitale de la Russie*. Et moi, Samuel Hearne, l'intrépide naïf, j'étais ainsi devenu le premier Blanc à rejoindre l'Arctique par voie de terre, à découvrir le Grand Lac des Esclaves et le delta du fleuve Mackenzie, l'un des cours d'eau les plus majestueux de la terre.

* Peter Newman.

Il y avait plus, comme je l'ai constaté par la suite. J'avais, sans le savoir, découvert une nouvelle méthode d'exploration qui allait, me dit-on, être adoptée par bien d'autres plus tard: soit celle qui consiste à s'indianiser, à se faire l'élève de l'autochtone et non le conquérant, à vivre sa vie, à parler sa langue, à être son semblable, et ce, afin de survivre aussi bien que lui dans ces contrées si cruelles pour l'Européen mal préparé.

Oui, et je le crois encore avec passion au soir de ma vie, il faut découvrir l'homme indigène et sa terre, les apprivoiser et mieux les aimer. Mes prédécesseurs, quoique courageux et méritants, préféraient imposer leur mode de vie à ces peuplades qu'ils jugeaient dégénérées et qui, pourtant, valent autant que les nôtres et nous sont toujours supérieures sur leur propre terrain. S'il est une leçon que j'ai retenue et que j'aimerais faire connaître à mes contemporains aussi curieux que moi, c'est celle-ci: ayez l'humilité d'apprendre auprès de celui que l'homme européen, dans son orgueil aveugle, tient pour inférieur.

Ainsi, j'étais parti Anglais jusqu'à l'âme, et je revenais un peu Indien, mais meilleur homme.

Dessin de Samuel Hearne représentant le fort York vers 1778
et publié en 1797 après sa mort.

12

Le retour

Au fort Prince-de-Galles, on me fit un accueil triomphal. On me croyait mort, égaré à jamais, et voilà que j'étais là, bien vivant, riche de savoir et de promesses. Même Moïse Norton dut, pendant quelques jours, dissimuler son déplaisir et sa jalousie renaissante. L'homme qui m'avait envoyé à la mort avait fait de moi un héros.

Et, comble du bonheur! Marie Norton, que son père surveillait pourtant de près, put me faire fête librement dans toute cette liesse. Les sourires qu'elle me fit en cette occasion me dédommagèrent amplement de mes souffrances.

Apprenant mon exploit, la Compagnie me versa une récompense de 200 livres ! Une fortune pour l'époque comme pour aujourd'hui. (Quand je pense à l'avance que m'a consentie l'éditeur pour ce livre de mémoires, j'ai l'impression de rééditer aujourd'hui par la plume l'exploit qui me fit riche dans ma jeunesse…) J'eus droit aussi à une place de second sur le *Charlotte*. Chose curieuse, si la Compagnie jugeait que mon exploit valait son pesant d'or, elle n'estimait pas encore assez mon courage pour me donner de l'avancement.

Les entrepreneurs sont des gens curieux : pour eux, l'avancement ne se mérite qu'à l'ancienneté. Or, il ne faut pas beaucoup de talent pour vieillir et il faut énormément d'intelligence et d'audace pour entreprendre. On récompense la fidélité, l'âge, mais on se défie de l'esprit d'aventure. Mes contemporains plus jeunes me disent que cet état de choses n'est pas appelé à changer.

Il était question que je reparte à bord du *Charlotte*, mais je n'y tenais guère, même si l'odieux Moïse Norton continuait de sévir au fort. Oui, je m'étais attaché à ce pays et à ses habitants. J'y avais laissé de ma chair et de mon sang, et j'étais encore ébahi par la contemplation d'espaces si vastes et si beaux que je ne pouvais me résoudre à me confiner à l'étroitesse des flancs d'un navire. Même les océans, désormais, m'apparaissaient petits et dénués d'intérêt. Le marin en moi était devenu homme de terre ferme mais vierge.

Mes supérieurs, sachant que j'avais parcouru à pied l'équivalent de la moitié de la Russie européenne, m'avaient remarqué. Ils ne purent donc me refuser un poste au fort Prince-de-Galles où je m'initierais au commerce des fourrures. J'aurais à y subir le voisinage de Moïse Norton, mais je pourrais me consoler avec la présence de sa fille Marie.

Fils de l'aventure, tel que j'étais, le destin devait se montrer bon envers moi une fois de plus. Un an et demi après mon retour, soit le 29 décembre 1773, Moïse Norton mourut d'une inflammation des entrailles, maladie qui le jeta dans des convulsions horribles et lui fit connaître une mort qu'on ne souhaite pas à son pire ennemi.

À compter de ce jour-là, mon sort s'améliora du tout au tout. Le plus important, c'était que plus rien désormais ne s'opposait à ce que j'aime Marie librement. Une fois le deuil passé, je lui déclarai mon amour, elle m'avoua le sien, et nous pûmes vivre ensemble dans la plus parfaite harmonie. Je me trouvai également sans oppresseur et sans chicaneries administratives. Je pouvais désormais mener une vie libre de toute entrave.

Mon bonheur fut encore plus grand lorsque la Compagnie, deux ans plus tard, me promut gouverneur du fort Prince-de-Galles. Cette marque de confiance acheva de faire de moi le plus heureux des hommes. Quand j'y pense aujourd'hui, je me dis que la pensée suivante pourrait constituer mon épitaphe : «Cet homme a réalisé ses rêves et connu un bonheur complet.»

Samuel Hearne construit Cumberland House en 1774-1775.
Peinture de Franklin Arbuckle (1952).

13

Le bonheur

L e bonheur que j'ai connu vaut bien quelques pages de mon récit.

Avant ma promotion au poste de gouverneur du fort, il me fut donné de vivre une autre aventure qui fit beaucoup pour mon crédit auprès de messieurs les actionnaires de la Compagnie.

Prenant la tête d'une équipe d'hommes aussi résolus que moi, j'installai une factorerie à l'intérieur des terres, près des tribus du Sud avec lesquelles nous commercions. Ce poste, où nous effectuâmes des opérations de troc très lucratives, s'appelle aujourd'hui Cumberland House. Ce fut le premier établissement blanc dans cette contrée que certains appellent aujourd'hui Saskatchewan.

Je revins de cette expédition très riche de fourrures, ce qui me valut mon élévation au poste de gouverneur du fort. La Compagnie ne reconnaissait guère le courage qu'il faut pour être explorateur, mais attachait un prix élevé à la fourrure, à ce qui était rentable. J'avais enfin compris cela.

Ce fut également au cours de cette équipée que je mis au point le prototype de la chaloupe *York*, une invention destinée à faciliter le transport des fourrures sur les cours d'eau intérieurs. Encore là, la Compagnie se contenta de quelques mots de remerciement sans conséquence, car la valeur de ma trouvaille ne se mesurait pas en ballots de fourrures payés à vil prix aux Indiens et revendus à prix d'or sur les marchés européens.

Mais je me consolai bien vite d'être trop mal ou trop bien payé pour mes services. J'avais Marie et j'étais, à trente ans, gouverneur d'une factorerie qui régnerait sur toute la baie d'Hudson ainsi que sur un territoire vierge plus vaste que l'Europe. Marie et moi étions heureux, les affaires allaient bien, mes hommes m'estimaient et j'entretenais avec les Indiens du voisinage les rapports les plus cordiaux qui fussent.

J'avais d'autres plaisirs qui peuvent paraître excentriques. Ainsi, j'aimais apprivoiser les animaux sauvages et observer leur comportement. J'eus deux castors domestiqués que je nourrissais de plum-pudding, un mets dont ils se régalaient comme s'ils étaient nés avec du sang anglais dans les veines. J'eus aussi un renard et un aigle.

Marie s'amusait fort de ces conquêtes et me répétait sans cesse que j'avais tort de m'attacher à des créatures qui n'étaient guère faites pour la civilisation européenne. Elle-même, fille d'Indienne, Métisse, se demandait toujours si l'on avait bien fait de la priver de son monde sauvage pour lui faire goûter les douceurs de la civilisation. Je la rassurais car je l'aimais et comptais prendre soin d'elle jusqu'à la fin de ses jours.

Je n'oublie pas mon grand ami, le chef Matonabi, qui continuait de me vouer son entière affection. Avec lui, je faisais de longues parties de chasse qui me remplissaient d'exaltation. Oui, j'étais heureux.

À peu près au moment où je prenais le commandement du fort Prince-de-Galles, les treize colonies américaines entraient en rébellion contre la couronne anglaise. Ces événements se passaient bien loin de nous, aussi y étions-nous indifférents. De plus, il ne faisait aucun doute dans notre esprit que les loyales armées de Sa Majesté viendraient vite à bout de cette jacquerie.

Je me trompais, et de beaucoup. Mon éloignement du reste du monde ne m'avait pas permis d'apprécier les forces en présence et, bientôt, j'appris avec consternation que les Insurgés américains, commandés par le brave général Washington, infligeaient défaite sur défaite aux troupes royales.

La couronne anglaise était affaiblie et d'autres nations s'empressèrent d'en profiter, prétextant leur solidarité avec les rebelles américains pour réaliser quelques petits profits au passage et régler de vieux comptes avec la puissance britannique trop longtemps victorieuse au goût de certains rois jaloux. Ce fut le cas du roi de France qui dépêcha un contingent et quelques officiers comme Rochambeau et La Fayette, ainsi que toute sa marine, aux côtés des Insurgés.

Encore là, je m'estimais à tort trop loin de ces troubles. Je vivais en parfaite harmonie avec Marie, je menais mes affaires d'une main sûre pour le plus grand bénéfice de la Compagnie qui me récompensait en conséquence, je poursuivais mes équipées de chasse et de pêche avec Matonabi, tout cela comme si de rien n'était. Les soirs d'hiver, quand le froid était trop vif, je m'asseyais à côté du feu et je lisais mes auteurs préférés dont j'arrivais à obtenir les œuvres grâce aux soins d'un correspondant libraire à Londres. Ainsi, je dévorais les livres de ce Voltaire, grand écrivain et champion de la liberté d'esprit; je lisais avec la même avidité ce poète génial qu'était le docteur Young. Que pouvais-je demander de mieux?

Croquis de H. Y. Hinde, en 1858, de Cumberland House, premier établissement blanc en Saskatchewan.

14

Le malheur

M a destinée aventureuse allait subir un revers cruel.

En 1782, l'escadre française ayant essuyé une défaite terrible aux mains de la marine britannique toujours habile au combat naval, l'amirauté du roi Louis de France décida de venger son honneur en lançant une mission de rapine. Cette opération fut confiée à un certain amiral Jean-François de Galaup, comte de La Pérouse, qui n'était pas encore le grand explorateur des mers du Pacifique qu'il est devenu depuis.

À la tête de trois frégates et de soixante-quinze canons, La Pérouse se dirigea vers la baie d'Hudson avec pour objectif de détruire tous les forts anglais qu'il trouverait et de saisir le plus de biens possible. L'amirauté française avait jugé avec raison que la marine du roi Louis se couvrirait ainsi de gloire à peu de frais, La Pérouse ne risquant pas de rencontrer dans les eaux nordiques de navires anglais capables de contrer une expédition dont les motifs étaient le désir de vengeance autant que la cupidité.

C'est ainsi que le 8 août 1782 apparurent devant le fort Prince-de-Galles les trois vaisseaux de La Pérouse : le *Sceptre*, l'*Astrée* et l'*Engageante*. L'amiral français commandait aussi à cent cinquante fusiliers marins, comme je le sus plus tard. Voyant une flotte aussi bien armée et sachant que je ne disposais que de trente-huit hommes dont les vieux mousquets remontaient à l'époque de la succession d'Espagne, je compris tout de suite que toute velléité de résistance serait trop coûteuse et du reste inutile. Je ne voulus donc qu'une chose : épargner mes proches et mes hommes. J'accordai aussitôt la reddition du fort au commandant français.

La Pérouse fut bon vainqueur et montra des manières dignes d'un chevalier des mers. Ainsi, après avoir soigneusement pillé le fort de fourrures — car il devait contenter son âpre maître lui aussi —, il fit distribuer de la poudre et des balles à mes auxiliaires indiens pour qu'ils ne risquent pas de mourir de faim en rentrant dans leurs terres.

Le fort fut brûlé et les canons encloués. Les Blancs furent emmenés en captivité. Pour mon grand malheur, Marie avait fui à l'approche des Français, craignant de trouver en eux de féroces conquérants. Nous fûmes ainsi séparés de force. Mon malheur venait de commencer.

Le bateau *York*, conçu par Samuel Hearne, facilite le transport des fourrures.

15

Premier lecteur

Le médecin est revenu me voir ce matin. Consultation faite, il n'a guère semblé satisfait de son patient.

— Hearne, vous vous surmenez, je crains. (Mon état ne s'est nullement amélioré ces derniers mois, bien au contraire.)

— C'est que j'ai un livre à terminer, docteur...

— Un livre ! Vous écrivez maintenant ? Et pourquoi faire, peut-on savoir ?

— Pour gagner ma vie.

— Vous n'aurez plus de vie à gagner si vous ne vous reposez pas. Mais faites ce que bon vous semble. Je suis le médecin, je pose le diagnostic, mais vous êtes maître de votre vie, et c'est à vous de subir les conséquences de vos actes.

Chose certaine, notre entretien s'est terminé sur une note fort amicale, comme d'habitude. Je craignais cependant d'avoir offensé mon bon ami en négligeant quelque peu ses conseils. Pour me faire pardonner, je lui ai offert, avant qu'il parte, une copie que j'avais fait faire de mon manuscrit. Histoire de lui faire comprendre la tâche qui occupe mes jours et mes nuits. Il a accepté de bonne grâce de lire mon pauvre brouillon.

— J'espère que ce que vous écrivez vaut la peine d'y sacrifier sa santé. Jusqu'à ce que je le lise, permettez-moi d'en douter.

— Au revoir, docteur, et repassez me voir. Je souhaite avoir fini bientôt pour enfin écouter un peu mieux vos avis.

— Au revoir, Hearne. Et ménagez-vous un peu. Il serait dommage que la mort vienne interrompre une entreprise qui vous tient tant à cœur.

Le médecin sortit avec mon livre sous le bras. J'avais en lui mon premier lecteur.

Le bison est l'un des nombreux animaux sauvages décrits
par Samuel Hearne dans son journal.
Gravure d'après le dessin du comte de Buffon dans son *Histoire naturelle*.

16

L'exil dans la mère patrie

Une fois le fort Prince-de-Galles livré aux Français, mes compagnons et moi devenions prisonniers de guerre. Les Indiens et les Métis qui séjournaient au fort et dans les environs avaient tôt fait de décamper. Parmi eux, Marie Norton, qui était convaincue comme les autres que les vainqueurs ne demandaient qu'à nous égorger.

Je l'ai dit, l'amiral-comte de La Pérouse montra vite le conquérant humain et charitable qu'il était, chose trop rare en toute époque. Il avait ainsi dispersé nos alliés indiens, avec les précautions humanitaires que j'ai dites. Comme il avait eu aussi à piller le fort, je fus contraint de faire le détail exact des prises de guerre. Il y avait surtout des fourrures à prendre, et il y avait dans les magasins de la Compagnie amplement de quoi financer cette expédition guerrière déjà si peu coûteuse en efforts et en vies humaines.

Dans le butin de guerre, il y avait aussi le journal que j'avais tenu de mes trois expéditions. En homme cultivé qu'il était, La Pérouse connaissait assez l'anglais pour le lire. En scientifique curieux qu'il était surtout, l'amiral-comte ne tarda pas à tromper l'ennui des nuits de l'automne en en lisant des extraits. Ce marin guerrier révéla par là qu'il était beaucoup plus homme de science que pillard galonné. Au bout de quelques jours, il me fit sortir de ma prison, où j'étais du reste fort bien traité, pour me dire combien sa lecture lui avait plu.

— Monsieur Hearne, c'est une fort noble aventure que vous avez vécue là.

— L'amiral-comte est trop bon. Justement, puisque vous avez eu la bonté de me convoquer, j'ai pensé vous parler du sort des prisonniers. Mes hommes...

— Vos hommes et vous-même n'avez rien à craindre. Sitôt que la marine aura neutralisé tous les forts anglais de la baie d'Hudson, sitôt que l'Angleterre ne sera plus en état de pratiquer le commerce et de s'enrichir dans la région, vous pourrez partir, libres...

— C'est que... j'ai aussi le cas d'une jeune Métisse à vous soumettre, une jeune femme à qui je voue une affection certaine...

— Marie Norton? Oui, vous en parlez dans votre journal, et en termes fort galants d'ailleurs.

— J'aimerais savoir s'il y a moyen de la retrouver...

— Désolé, monsieur Hearne. Tous les Indiens sont déjà partis. Quant à vos hommes, je compte les libérer le plus vite possible. Vous serez libre, vous aussi, mon ami, mais je ne pose qu'une condition à votre mise en liberté : que vous preniez les mesures nécessaires, une fois rentré en Angleterre, pour faire publier votre journal. C'est un chef-d'œuvre, et la science ne vous pardonnera pas de taire un témoignage aussi riche et aussi beau !

— Vous avez dit : *en Angleterre* ?

— Bien sûr ! Je ne peux vous laisser ici, vous crèveriez tous de faim sous peu. Le fort Prince-de-Galles doit être détruit. Cela fait partie de ma mission, je le regrette. Nous vous ramènerons donc dans votre pays. Vous devriez être content : n'est-ce pas le rêve de tout Européen que de quitter cette contrée sauvage pour retrouver sa mère patrie ?

— C'est que... monsieur le comte... j'ai des racines ici désormais, c'est mon pays. Et il y a Marie, ma compagne...

— Monsieur Hearne, l'entretien est terminé, je ne puis plus rien pour vous. Mais repassez dans la soirée. Nous souperons et nous causerons. Entre explorateurs...

La Pérouse fut en effet charmant, mais il me tardait de savoir où se trouvait Marie. J'étais également sans nouvelles de Matonabi qui était parti en expédition de chasse juste avant que les Français attaquent. J'avais beau avoir le plus aimable des geôliers, je demeurais un prisonnier fort malheureux.

La Pérouse tint parole. Tous les prisonniers furent mis à bord du sloop de la Compagnie, le *Severn*, qui fut remorqué par un navire français jusqu'en haute mer, passé le cap Résolution. Le conquérant nous ayant déclarés interdits de séjour à la baie d'Hudson, il nous fallait rentrer en Angleterre. La Pérouse prit congé de moi, non sans me donner toutes les marques de la plus grande civilité. Une dernière fois, avant de se séparer de moi, il me fit promettre de publier mon journal. Je ne répondis à son invite que par un sourire qu'il dut trouver bien tiède : l'honneur qu'il croyait me faire n'effaçait pas le souvenir de Marie et de Matonabi.

La traversée de l'Atlantique se fit sans heurts. À peine débarqué sur la côte anglaise, je me rendis toutes affaires cessantes à Londres afin de faire mon rapport au comité de direction de la Compagnie. Je retrouvai sans le moindre plaisir les rues boueuses et brumeuses de Londres. Oserai-je le dire? Je ne me reconnaissais plus dans mon pays natal, éloigné que j'en étais depuis si longtemps par la mer et l'aventure. J'étais un étranger dans ma patrie et j'avais la nostalgie de mon pays adoptif: l'Amérique du Nord. Ainsi, j'allais plus à l'aise vêtu de peaux d'orignal et chaussé de raquettes dans la neige que coiffé d'une perruque, habillé de soie et chaussé d'escarpins.

Je rendis mes comptes à la haute direction de la Compagnie, qui m'écouta de fort mauvaise humeur. Messieurs les administrateurs restèrent impassibles lorsque je leur fis le récit des malheurs de nos alliés indiens, en prenant soin bien sûr de ne point parler de Marie, car ces financiers poudrés et perruqués n'auraient sûrement pas compris qu'un gouverneur de la Compagnie aime d'amour une petite Métisse sans naissance ni fortune. Mais lorsque je détaillai les pertes en fourrures et autres biens, qu'ils traduisirent aussitôt en espèces sonnantes et trébuchantes, l'impassibilité fit place à d'amers reproches.

— Quoi?! hurlèrent-ils. Vous avez capitulé sans tirer un coup de feu et laissé ce petit marin français piller impunément le bien des actionnaires de la Compagnie! Hearne, vous avez souillé votre honneur et le nôtre! Où est donc passé ce courage que l'on vantait tant chez vous?

— Messieurs, je n'ai eu que le courage de sauver la vie des hommes dont j'avais la charge. Si j'avais résisté, les pertes matérielles auraient été les mêmes, et en plus mes hommes auraient été condamnés à une mort certaine. Les forces en présence étaient trop inégales, d'où ma décision de rendre le fort sans combat inutile.

— Et les fourrures?

— M. de La Pérouse n'a saisi que le butin d'une année de traite. Il n'a pas pris la terre, qui est encore riche de fourrures. Deux années d'efforts patients, et vous serez amplement dédommagés. Mais on n'aurait jamais pu remplacer les vies perdues inutilement de part et d'autre.

J'eus, il va sans dire, toutes les peines du monde à convaincre le comité de direction de la justesse de mon raisonnement. Je rentrai à mon auberge d'humeur fort maussade, sûr que je ne reverrais plus jamais Marie, la baie d'Hudson, mon nouveau pays. Ma carrière était brisée, j'étais un homme fini. Ces pensées m'étreignaient le cœur sans relâche. J'aurais été bien en peine de mettre au propre mon journal ainsi que La Pérouse me l'avait demandé. Dans ces jours tristes, attendant le verdict de la Compagnie sur ma conduite, j'étais l'homme le plus seul de Londres.

Une famille de chasseurs cris au fort York, en costume de l'époque.
Dessin de Peter Rindisbacher (1821).

17

Veuf et orphelin

L a Compagnie pardonna. Le comité de direction, ayant fini par juger ma conduite compréhensible et tout à fait honorable dans les circonstances, me lava de tout reproche et me rendit le commandement du fort Prince-de-Galles, ou de ce qui en restait.

Les moins naïfs de mes collaborateurs me soufflèrent cependant que je devais cette mansuétude uniquement au fait qu'on voyait en moi le seul homme capable de faire revivre le commerce des fourrures à la baie d'Hudson. N'eussent été mes compétences et mon utilité, on m'aurait cloué au pilori pour lâcheté et j'aurais été honteusement chassé de la Compagnie.

Voyant que seul l'intérêt faisait loi en ces lieux et que je devais mon absolution seulement à l'utilité que je pouvais encore avoir pour messieurs les administrateurs, je méditai mon sort avec une certaine aigreur.

Mais je fis vite litière de ces mauvais sentiments, m'estimant heureux de reprendre la route de l'Amérique boréale dès que les hostilités entre France et Angleterre se seraient apaisées. Et je retrouverais alors Marie, Matonabi, ma terre du Nord, ma vie d'homme libre.

Je savais que la Compagnie ne reconstruirait pas le fort Prince-de-Galles étant donné la dépense exorbitante que cela représenterait. On projetait plutôt de déplacer la base du trafic des fourrures vers le sud, dans un endroit baptisé Churchill, où l'on implanterait une ville entière faite de maisons de bois préfabriquées à Londres. Chose certaine, je demeurerais l'agent responsable de la côte ouest de la baie d'Hudson, et la seule pensée de pouvoir rentrer *chez moi* valait tous les désagréments passés.

D'amères nouvelles m'attendaient aux ruines calcinées du fort Prince-de-Galles. À peine y avais-je débarqué que je m'enquis auprès des quelques indigènes qui hantaient encore les lieux de ce qui était advenu de Marie et de Matonabi.

Je l'ai dit : Moïse Norton n'avait eu dans sa vie de faiblesse que pour Marie. Il y avait d'ailleurs de quoi. Aussi Moïse l'avait-il fait vivre à ses côtés et l'avait chérie sans commune mesure. Encore là, on ne saurait lui faire de reproche : c'était peut-être la seule bonne action qu'il eût faite de sa vie. Mais cette bonté avait eu pour effet pervers de couper Marie de ses origines indiennes. N'ayant jamais vécu avec les siens, elle n'avait pas appris à vivre sur cet âpre territoire. Elle ne savait ni coudre, ni chasser, ni pêcher, ni bâtir un abri contre les fauves et le froid. Laissée à elle-même dans cette nature si dure pour l'espèce humaine, Marie courait un péril certain.

Privée de tout principe religieux, et n'ayant eu pour enseignement que les mauvais exemples de ses compatriotes, elle eût quand même brillé avec éclat dans toute autre contrée. Sa bienfaisance, son humanité et son amour scrupuleux de la vérité et de l'honnêteté eussent fait honneur aux chrétiens les plus fervents. Moïse Norton, dans son enfer, dut se reprocher d'avoir élevé sa fille de telle manière qu'elle fût incapable non seulement de supporter les fatigues du corps, que les autres Indiennes comptent pour si peu de chose, mais même de se procurer par son industrie les objets nécessaires à sa survie.

Bien sûr, Marie pouvait faire de la musique, broder, lire les bons auteurs qu'il m'arrivait de lui recommander ; sa conversation était agréable, et la nature avait voulu qu'elle ne retînt aucune des manières qui avaient tant fait haïr son père. Malheureusement, cette éducation de bonne jeune fille anglaise ne valait rien dans la lutte contre la faim et le froid, dans une contrée où la moindre faiblesse conduisait tout droit aux tourments et à la mort.

Je craignais aussi que les Indiens ne lui eussent prêté aucun secours. Je connaissais trop leurs mœurs pour ignorer qu'on ne respecte chez eux que celui ou celle qui a le courage de vivre de ses œuvres. Bien sûr, il existe entre Indiens une solidarité certaine, qui s'exprime par le partage du travail et des vivres, mais cette solidarité ne s'étend pas à ceux qui n'ont aucun savoir-faire. Considérés comme des bouches inutiles, au même titre qu'un vieillard à bout de force, de tels êtres sont abandonnés à eux-mêmes.

Enfin, je savais que Marie était assez indienne pour être animée d'une fierté qui lui ferait refuser le moindre secours qu'elle ne pourrait payer de retour. Elle n'accepterait pas qu'on lui fît la charité et préférerait souffrir en silence plutôt que de demander de l'aide. Et personne ne lui viendrait en aide en souvenir de moi car, pour tous ceux qui étaient restés derrière, j'étais un homme mort, oublié.

Comme tous les Indiens de l'endroit, ainsi qu'on me le raconta à mon arrivée, Marie avait refusé de croire que les Français me laisseraient rentrer en Angleterre sain et sauf. Lorsqu'ils virent mon navire s'éloigner de la côte, Marie et sa famille indienne retrouvée par la force des circonstances crurent qu'on nous emmenait en haute mer pour mieux nous y noyer. De mon navire, je n'avais pas vu les signes d'adieu qu'elle me faisait. D'après les témoins de ce drame, Marie avait abondamment pleuré en me voyant partir, m'imaginant voué à une mort plus hâtive et plus sûre que la sienne.

Marie, donc, privée de tout secours et refusant la moindre charité, en Indienne fière qu'elle était soudain redevenue, se croyant seule au monde et incapable de pourvoir à sa subsistance, se laissa mourir de faim. D'après les témoins, elle expira sans la moindre plainte, ayant oublié les quelques prières chrétiennes qu'on lui avait montrées, ayant accepté la mort avec fatalisme, à la manière des héroïnes stoïques de l'Antiquité.

J'écoutai le récit qu'on me fit de sa mort avec la plus scrupuleuse attention. Je ne versai pas une larme car c'eût été une injure au souvenir de sa fierté. Mais je fis distribuer aux Indiens présents les douceurs que j'avais rapportées d'Angleterre pour elle. Ils s'en firent tout de suite une sorte de festin des morts en hommage à la disparue, comme le veut la coutume dans cette peuplade.

J'avais trop longtemps appréhendé la tragique nouvelle et j'étais trop au fait du caractère noble de Marie et des habitudes autochtones pour me laisser surprendre. Cependant, quelque chose en moi avait espéré tout ce temps que je la retrouverais un jour, pour l'aimer en liberté le reste de ma vie.

Le soir venu, je me rendis sur la grève, seul, à l'endroit où elle m'avait, semble-t-il, dit adieu et là, sûr de n'être vu de personne, je pleurai sa mémoire en criant son nom à la mer indifférente. Rentré au fort en ruines, je repris mon impassibilité, ayant appris moi aussi à masquer ma peine. Plus jamais je ne prononcerais le nom de Marie devant quiconque.

Je me croyais désormais endurci à toutes les épreuves. Jusqu'à ce qu'on me raconte la fin de Matonabi.

Je l'ai dit, Matonabi était absent du fort Prince-de-Galles quand celui-ci fut pris par La Pérouse. Lorsqu'à son retour il vit le fort en ruines et qu'on lui dit que j'avais été embarqué sur un navire, il conclut tout de suite comme Marie, à tort, que les Français nous avaient emmenés en haute mer pour tous nous noyer. On me dit qu'il en conçut un chagrin très amer, et sa peine fut aggravée lorsqu'il apprit que j'avais livré le fort sans bataille.

Matonabi, installé avec son sérail dans les ruines du fort, pleurant son ami et sa propre splendeur ancienne, ne put surmonter son chagrin. La tristesse le tua. Un matin, on le retrouva pendu à une poutre que les flammes avaient épargnée. Matonabi s'était suicidé de désespoir. Privée de son pourvoyeur, sa famille, qui se composait alors de six femmes et de quatre enfants, mourut de faim au cours de l'hiver qui suivit.

Je crois que l'annonce de cette tragédie me fit encore plus mal que celle de la mort de Marie. Ainsi Matonabi, qui avait été mon compagnon d'aventure, mon protecteur, mon maître, mon père presque, s'était ôté la vie, chose alors inimaginable pour un Indien qui savait mieux que quiconque comment survivre dans ce pays. Un Indien ne se laissait pas abattre par la tristesse, il préférait perdre la vie dans un acte de courage quelconque. Matonabi, me demandai-je, avait-il emprunté l'idée du suicide aux Européens ? Et que dire de Marie, sinon qu'elle avait un peu fait la même chose en se laissant dépérir ? Ces deux êtres que j'aimais plus que père et mère s'étaient tués par chagrin de m'avoir perdu. Jamais homme blanc dans cette contrée n'avait été plus aimé que moi, mais d'un amour dont les lendemains étaient bien cruels.

D'autres réflexions m'assaillirent dans les jours qui suivirent. Ainsi, je m'étais fait l'élève assidu de l'Indien, et cet apprentissage avait fait de moi un héros riche et considéré. Marie et Matonabi, même si je leur avais fait vivre une vie fort heureuse, n'avaient retenu de la civilisation blanche que l'art de céder au chagrin par la mort. Je leur avais pris tout ce qu'ils avaient à offrir, ils n'avaient, eux, trouvé que la mort dans cet échange. Le paradis que j'avais connu, si dur et si impitoyable fût-il, était désormais pour moi un désert sans amour.

Dessin de C. W. Jefferys représentant des Amérindiens faisant le négoce des fourrures. Le fort Prince-de-Galles était le poste de traite des fourrures le plus important de la Compagnie de la baie d'Hudson.

18

Tièdes recommencements

Nous étions à l'automne de 1783. Le traité de Versailles avait ramené la paix entre la France, l'Angleterre et ce qu'on appelait désormais les États-Unis d'Amérique. L'Amérique septentrionale, qui devait comprendre la terre de Rupert, les territoires situés au nord des Grands Lacs, la vallée du Saint-Laurent, Terre-Neuve et l'ancien pays acadien, restait britannique.

Je dois dire que les articles de ce traité me touchaient fort peu, même si la couronne anglaise tenait l'assurance que la baie d'Hudson ne serait plus inquiétée. Car j'étais tout à mon chagrin et à mes fonctions de gouverneur de Churchill.

Le fort fut édifié par mes soins. Le commerce avec les Indiens reprit tranquillement. On se refit à la vie nouvelle, les habitudes se réinstallèrent. Pour la Compagnie, tout était comme avant, et pour mes hommes, qui étaient presque tous des recrues, tout était neuf, beau et aventureux. Pour moi, la vie était devenue froide, ennuyeuse, sans intérêt.

Bientôt, la Compagnie m'écrivit pour se plaindre que l'établissement de Churchill tardait à rentrer dans ses frais; les actionnaires, toujours avides de fourrures et de profits, s'impatientaient. Pourtant, la traite des fourrures restait lucrative, même si je n'y mettais plus l'enthousiasme d'autrefois. Lentement, mon crédit auprès des messieurs de la Compagnie s'effritait; je n'étais plus le fringant jeune homme qui leur rapportait de si beaux dividendes et qui élargissait l'empire de Sa Majesté. Même pour mes hommes, qui savaient peu de choses à mon sujet, je n'étais qu'un commis fatigué, au visage triste. Les Indiens avec qui je trafiquais me prenaient pour un commerçant comme les autres; je n'étais plus leur frère d'armes.

Je compris alors qu'il était temps de rentrer, et la Compagnie ne tarda pas à autoriser mon rapatriement. Je débarquai à Londres le 16 août 1787, après quinze ans de la vie la plus aventureuse qui fût. Bien peu de mes contemporains pouvaient prétendre avoir connu mes exaltations et mes décep-

tions. Mais cette pensée ne me réconfortait guère.
Mon chagrin restait entier et allait occuper toute
ma retraite.

Reproduction d'une gravure sur métaux de Samuel Hearne, d'un trappeur et ses chiens devant le fort Prince-de-Galles.

19

Désillusions

À Londres, j'élis domicile dans une auberge sur la place du Lion rouge. J'occupais un appartement modeste et je me contentais de faire ce que tous les Anglais revenus enrichis des colonies font : je prenais des repas copieux, j'appartenais à un club où l'on jouait aux cartes et où l'on discutait entre vieux messieurs des jours glorieux de l'Empire aux Indes, en Afrique, au Levant, en Amérique, je buvais de la bière, je fumais ma pipe, je me laissais vivre.

À mon départ de Churchill, mes hommes m'avaient fêté et tous se disaient envieux. Envieux de quoi ? m'étais-je demandé. De pouvoir rentrer en

Angleterre, fortune faite, et d'y goûter un farniente mérité? Ils étaient tous au Canada pour jouir un jour des mêmes avantages, me dirent-ils. Ils étaient venus aux colonies, non pour l'aventure, mais pour le lucre, dans l'espoir de vivre de leurs rentes un jour, dans un appartement londonien bien chauffé, entourés d'aventuriers retraités et riches, avec qui ils partageraient des souvenirs exotiques. Ces considérations me laissaient plutôt froid, moi qui n'étais venu au Canada que pour y vivre l'exaltation du pays vierge.

Pourtant, j'y vivais depuis trop longtemps pour ne pas savoir que le Canada n'est rien d'autre qu'un pays-comptoir où l'on ne vient que pour s'enrichir et vivre un jour en seigneur en Europe. On n'y prend racine que par accident, parce qu'on ne peut faire autrement, car ce pays promet à tous l'enrichissement et l'anoblissement dans la facilité. On me dit que même les sujets français de Sa Majesté, qui y sont pourtant établis depuis plusieurs générations, caressent les mêmes aspirations: faire fortune ici pour mieux briller en France plus tard. Il n'y a que le choix de la mère patrie qui nous différencie. Ce pays est trop dur pour qu'on s'y attache à jamais. Je croyais moi-même faire exception à cette règle malheureuse jusqu'au jour où le chagrin a fait de moi un homme comme les autres.

Il est vrai que mon sort avait de quoi susciter une certaine convoitise chez mes contemporains plus jeunes. Le jour où je pris ma retraite, le comptable de la Compagnie m'informa que je possédais plus de 600 livres. Une fortune! me dit-on. J'aurais largement de quoi vivre de mes rentes jusqu'à mon trépas.

On se trompait, et de beaucoup! L'éloignement prolongé de la vie anglaise (après tout, je ne vivais plus dans ce pays depuis l'âge de douze ans) faisait que je n'avais pas la moindre idée du prix des choses. Profitant de ma naïveté en ces matières, on me faisait payer trois fois le prix des aliments et des vêtements. Je n'ai jamais tout à fait réappris à compter.

Je n'arrivais pas non plus à distinguer ce qui est honnête de ce qui ne l'est pas. Habitué comme les Indiens à tout partager sans réserve, je devins vite la proie des prédateurs de tout poil qui venaient s'endetter auprès de moi à peu de frais. Je ne revoyais jamais l'argent que je prêtais et je m'en étonnais chaque fois. Il résulta de tout cela que mon pécule, gagné avec tant d'âpres souffrances, fondit comme neige en juillet.

Autre habitude indienne qui me fut néfaste, j'avais accoutumé mon estomac à se gorger lorsque l'abondance régnait et à faire carême lorsque les circonstances m'y contraignaient. Ainsi, je mangeais et buvais jusqu'à ce que mon estomac se rompît, sans que les jours gras fussent suivis de jours maigres. J'y gagnai un embonpoint qu'aggravait le manque d'exercice. La bonne chère n'était suivie d'aucune randonnée dans les bois et les neiges. Deux ans après mon retour, je n'avais plus de quoi vivre convenablement et mon corps n'était plus aguerri aux durs exercices qui m'auraient permis de reprendre du service dans les colonies. J'étais ruiné, malade à cause de mes excès de table, et aussi mélancolique qu'avant.

Heureusement, mon vieux maître, l'astronome William Wales, celui qui m'avait donné le goût de l'Amérique septentrionale, me tira d'embarras une seconde fois. Ayant insisté pour lire des extraits de mon journal, il s'enthousiasma comme jadis La Pérouse l'avait fait, et il me recommanda à un éditeur. C'est ainsi que j'ai obtenu la fabuleuse avance qui assurera ma subsistance jusqu'à la fin de mes jours. Je me promets cette fois de montrer plus de prudence dans l'emploi de ce pactole.

Depuis, je ne vis plus que pour mettre au net ce journal et mes notes. Cet exercice de rédaction m'a rendu ma jeunesse et me fait trouver moins pénible la vie dans ma mère patrie. Grâce à ce travail, je suis redevenu un homme presque heureux.

Sauvagesse de la Baye de Hudson,
par Jacques Grasset de Saint-Sauveur (1796).

20

La dernière visite du bon docteur

Le médecin est revenu prendre de mes nouvelles.

Il m'a ausculté longuement et s'est assis à l'écart pour prendre quelques notes sur mon état. L'expression de son visage n'annonçait rien de bon.

Je devais dormir lorsqu'il est rentré dans ma chambre. Il a pris mon pouls une fois de plus pour vérifier son diagnostic.

— Hearne, vous ne m'écoutez guère. Vous allez plus mal que jamais. Vous travaillez encore trop, vous vous nourrissez mal.

Je n'osais rien dire. Il n'avait que trop raison.

— Docteur, je n'ai plus que mon travail pour me tenir en vie. L'abandonner...

— Vous parlez de ce récit de voyage que vous m'avez fait lire ?

— Oui et je...

— Je comprends, Hearne, je comprends. Écoutez, je ne peux vous interdire d'y travailler, mais songez un peu à votre santé...

— Je sais bien, mais...

Il a cessé de parler, moi aussi. Il a remballé ses instruments, l'air chagrin. Je m'en voulais de l'avoir peiné ainsi par mon entêtement à ne pas l'écouter.

En sortant, il a paru hésiter un moment. Puis, avant de fermer la porte derrière lui, il m'a dit d'un ton ému :

— Hearne, j'oubliais... J'ai lu les extraits du journal que vous m'avez confiés. Je vous l'avoue, j'ai fait là une lecture passionnante, et je vous en remercie. Je sais maintenant qui vous êtes et je vous admire d'autant. Pour ce qui est de votre santé, je comprends mieux pourquoi vous ne vous donnez pas la peine de m'écouter. Je sais désormais que, grâce à votre journal, vous ne mourrez jamais.

Il a fermé la porte. Je me suis remis au travail.

A

JOURNEY

FROM

Prince of Wales's Fort, in Hudſon's Bay,

TO

THE NORTHERN OCEAN.

UNDERTAKEN

BY ORDER OF THE HUDSON'S BAY COMPANY.

FOR THE DISCOVERY OF

COPPER MINES, A NORTH WEST PASSAGE, &c.

In the Years 1769, 1770, 1771, & 1772.

By SAMUEL HEARNE.

LONDON:

Printed for A. Strahan and T. Cadell:
And Sold by T. Cadell Jun. and W. Davies, (Succeſſors to
Mr. Cadell,) in the Strand.

1795

Page titre de la première édition du journal
de Samuel Hearne parue en 1795.

21

Épilogue

H earne réalisa son rêve : il acheva son livre de souvenirs. Mais le pauvre ne vit jamais son ouvrage : il fut emporté par une crise d'hydropisie trois mois après l'avoir achevé. Le livre connut un vif succès, fut réédité plusieurs fois et traduit en plusieurs langues.

Hearne devait entrer dans la postérité. Lui qui avait peu d'instruction et qui aurait tant aimé éclairer ses contemporains ne put leur léguer un savoir bien riche, mais les générations à venir allaient toutes se souvenir de son courage.

L'encouragement de La Pérouse n'allait pas rester sans suite non plus. Le livre de Hearne allait être traduit par Lallemant, secrétaire à la Marine de France, et publié à Paris en 1799.

Photo: J. B. Tyrrell.

Samuel Hearne a gravé son nom il y a plus de deux cents ans
sur un rocher près de Churchill, au Manitoba.

Chronologie
Samuel Hearne
(1745-1792)

Établie par Michèle Vanasse

HEARNE ET SON TEMPS	L'AMÉRIQUE ET LE MONDE
1670 Fondation de la Compagnie de la baie d'Hudson. Elle se fait concéder par Londres le territoire de la baie d'Hudson et les terres limitrophes afin de contrôler le commerce des fourrures des régions nordiques. Elle a pour mission de cherche le passage du Nord-Ouest. La baie d'Hudson doit son nom au découvreur Henry Hudson qui s'y rendit en 1610.	**1670** Angleterre : en 1668, le navire *Nonsuch* rentre à Londres chargé de fourrures troquées avec les Cris à la baie James. La création de la Compagnie de la baie d'Hudson naît de la réussite de ce voyage.

HEARNE ET SON TEMPS	L'AMÉRIQUE ET LE MONDE

1691

Henry Kelsey, agent de la Compagnie de la baie d'Hudson, est le premier Anglais à découvrir les plaines canadiennes et à voir des grizzlis et des bisons.

1713

Depuis la signature du traité d'Utrecht entre la France et l'Angleterre, l'Acadie — sauf le Cap-Breton, emplacement du fort de Louisbourg — et les territoires de la baie d'Hudson appartiennent à la couronne britannique. Les Anglais avaient été chassés de la baie d'Hudson entre 1694 et 1697 par Pierre Le Moyne d'Iberville.

1715

France: Louis XV monte sur le trône. Pendant son règne, la France s'enrichit surtout grâce au commerce maritime, et les bourgeois, bénéficiaires de cette prospérité, veulent participer aux affaires de l'État.

HEARNE ET SON TEMPS

1719
James Knight, agent de la Compagnie de la baie d'Hudson, établit le poste de Churchill et dirige une expédition à la recherche du passage du Nord-Ouest. Personne n'en revient et les épaves de l'expédition seront retrouvées sur l'île de Marble en 1767.

1722
Jacob Roggeveen, navigateur hollandais, découvre l'île de Pâques au cours d'un voyage autour du monde.

1728
Vitus Béring, navigateur danois au service de la Russie, visite le détroit qui portera son nom et qui sépare l'Asie de l'Amérique, démontrant ainsi que les deux continents ne sont pas unis.

1731
Pierre Gaultier de la Vérendrye commence ses explorations vers l'Ouest canadien à partir du lac Winnipeg jusqu'à la Saskatchewan.

L'AMÉRIQUE ET LE MONDE

1719
Angleterre : l'industrie textile et métallurgique de même que l'agriculture se développent tout au long du XVIIIᵉ siècle, confirmant la prédominance économique du pays.

1731
La France encourage les voyages d'exploration vers l'Ouest pour compenser la perte de la baie d'Hudson. La Nouvelle-France tente d'établir une nouvelle route commerciale pour ramener les fourrures vers Montréal.

HEARNE ET SON TEMPS	L'AMÉRIQUE ET LE MONDE
1734 Construction du fort Prince-de-Galles à l'embouchure de la rivière Churchill (Manitoba).	**1734** Guerre de Succession d'Autriche entre la France, alliée de la Prusse et de l'Espagne, et l'Angleterre, qui appuie les prétentions de Marie-Thérèse au trône d'Autriche. Les métropoles étant en guerre, les colonies s'affrontent en Amérique pour le contrôle de tout le territoire.
1740 Voyage de George Anson, amiral anglais, le long des côtes pacifiques de l'Amérique jusqu'en 1744.	
1741 Deuxième voyage de Béring. La côte américaine est abordée, Béring reconnaît les îles Aléoutiennes et les côtes de l'Alaska. Il meurt du scorbut au cours de l'expédition.	**1741** À Vienne meurt le compositeur italien Antonio Vivaldi.
1743 Les fils de la Vérendrye, Louis-Joseph et Pierre, continuent ses explorations jusqu'aux Rocheuses.	

1745
Naissance à Londres de Samuel Hearne, fils de Diana et de Samuel Hearne. Le père de Samuel est ingénieur au London Bridge Water Works, entreprise privée qui fournit l'eau potable à presque 8 000 foyers.

1748
Mort de Samuel Hearne père, âgé d'à peine 40 ans. Il laisse dans le deuil sa femme Diana, sa fille Sarah, 5 ans, et son fils Samuel, 3 ans. La famille Hearne va s'installer à Beaminster, ville natale de Mme Hearne dans le Dorset.

1748
Le traité d'Aix-la-Chapelle met fin à la guerre en Europe. Il confirme l'héritage autrichien de Marie-Thérèse.
En Amérique, la fin de la guerre entre la France et l'Angleterre ne règle pas les problèmes territoriaux puisqu'il y a échange des conquêtes coloniales. Les tensions persistent surtout en Acadie et dans la vallée de l'Ohio où la France construit une série de forts entre le lac Érié et l'Ohio pour maintenir sa liaison entre le Saint-Laurent et la Louisiane.

1753

Samuel fréquente l'école Tucker jusqu'en 1756. Il n'a donc pas reçu une très grande éducation. Son journal, écrit plusieurs années plus tard, possède un bon vocabulaire mais la grammaire et l'orthographe sont faibles.

1754

Début de la guerre de la Conquête en Amérique pour la possession exclusive du territoire, mais ce n'est que deux ans plus tard que la guerre sera officiellement déclarée en Europe entre la France et l'Angleterre.

1755

Acadie : 18 000 Acadiens de souche française refusent de prêter serment d'allégeance au roi d'Angleterre et sont déportés dans les autres colonies anglaises.

HEARNE ET SON TEMPS

1756

Samuel Hearne entre dans la Marine royale comme ordonnance du capitaine Samuel Hood. La guerre de Sept Ans se déroule pendant les années où il est marin. Il trouve particulièrement inhumaines les conditions de vie sur les navires, mais prend goût à l'aventure en mer.

L'AMÉRIQUE ET LE MONDE

1756

Début de la guerre de Sept Ans entre la France et l'Angleterre. Le premier ministre anglais William Pitt est persuadé que gagner l'Amérique permettrait d'éliminer définitivement la concurrence commerciale française.

1759

En Nouvelle-France, défaite des plaines d'Abraham et reddition de Québec aux mains des Anglais.

1760

Capitulation de Montréal et de la Nouvelle-France, qui vivra sous régime militaire anglais en attendant l'issue de la guerre en Europe.

En Angleterre, avènement de George III qui prend des initiatives pour restaurer les pouvoirs du roi et remettre en cause les avantages acquis par le Parlement.

HEARNE ET SON TEMPS	L'AMÉRIQUE ET LE MONDE

1763
Hearne, âgé de 18 ans, quitte la marine. On ne sait pas ce qu'il a fait ensuite, jusqu'en 1766.

1764
Voyage d'exploration de John Byron, navigateur anglais, sur le *Dauphin* et le *Tamar*. Découverte de divers archipels de Mélanésie, en Océanie, avant l'arrivée aux Mariannes, à l'est des Philippines. Retour en 1766.

1763
Le traité de Paris cède le Canada à l'Angleterre qui s'affirme alors comme la première puissance coloniale. La Nouvelle-France devient colonie anglaise et voit son territoire limité aux deux rives du Saint-Laurent. Les frontières des treizes colonies anglaises ne sont pas modifiées.

1765
La Compagnie de la baie d'Hudson met sur pied une industrie de pêche à la baleine sur l'île de Marble, 250 milles au nord du fort Prince-de-Galles.

1766
Le 12 février, Hearne devient employé de la Compagnie de la baie d'Hudson. En août, il arrive au fort Prince-de-Galles. Il est second sur le baleinier *Churchill*.
Voyages de Samuel Wallis et Philip Carteret à bord du *Dauphin* et du *Swallow*. Carteret découvre l'archipel de la Reine-Charlotte et longe les côtes de la Nouvelle-Guinée. Dix mois avant le Français Louis-Antoine de Bougainville, Wallis visite Tahiti, découverte par le Portugais De Quieros en 1606.

1765
Le Parlement de Londres vote la Loi du timbre (*Stamp Act*). L'Angleterre veut faire payer aux Américains une partie du coût de la guerre de conquête en levant de nouveaux impôts. Mécontentes, les colonies font savoir qu'il ne peut y avoir de taxation sans représentation au Parlement de Londres. Les marchandises britanniques sont boycottées et des comités de surveillance, les Fils de la liberté, sont mis sur pied pour faire respecter le boycottage.

1766
Le premier ministre anglais William Pitt obtient la suppression du *Stamp Act*.
Guy Carleton, gouverneur de la Nouvelle-France conquise, désignée sous le nom de « Province de Québec », soutient une politique qui vise à gagner la population à la cause de la couronne britannique.

HEARNE ET SON TEMPS	**L'AMÉRIQUE ET LE MONDE**
1767 Hearne retrouve les épaves de l'expédition de James Knight sur l'île de Marble.	**1767** Le Parlement anglais vote de nouveaux droits de douane, les *Townshends Duties*. Les escarmouches sont de plus en plus fréquentes entre Américains patriotes et loyalistes — favorables à la cause des Britanniques — de même qu'avec les soldats britanniques.
1768 Hearne travaille au fort Prince-de-Galles avec le mathématicien et astronome William Wales venu observer le passage de la planète Vénus devant le soleil prévu pour le 3 juin 1769. Les progrès de l'astronomie et des explorations vont de pair. Premier voyage de James Cook sur l'*Endeavour*, avec pour mission de prouver l'existence de la *Terra Australis*. Après avoir fait le tour de la Nouvelle-Zélande, il explore la côte orientale de l'Australie, y mouille dans une baie protégée, Botany Bay, futur site de Sidney, et revient en Angleterre en 1771. Grâce à lui, l'Australie est anglaise.	**1768** La Corse est cédée à la France par la ville de Gênes.

HEARNE ET SON TEMPS

1769

Première expédition de Samuel Hearne vers le nord-ouest et des territoires jamais parcourus par des hommes blancs. Il part le 6 novembre accompagné de William Isbester et de Thomas Merriman, ainsi que d'un petit groupe de Chipewyans (Indiens du nord) et de Home Guards (Indiens du sud). Il a pour double mission de repérer un fleuve dont les rives sont riches en minerai de cuivre d'après les Indiens, et de trouver le légendaire passage du Nord-Ouest vers l'Asie par voie de terre. Dépouillé et abandonné par les Amérindiens qui l'accompagnent, il est de retour au fort le 11 décembre.

Jean-François de Surville atteint l'île nord de la Nouvelle-Zélande, découverte par le capitaine Abel Tasman en 1642. Il fixe la position exacte des îles Salomon. Le navire parvient ensuite sur la côte du Pérou où Surville se noie.

L'AMÉRIQUE ET LE MONDE

1769

Assassinat du chef Odawa Pontiac à Cahokia en Illinois.

Naissance à Ajaccio, en Corse, de Napoléon Bonaparte.

L'ingénieur britannique James Watt fait breveter la première machine à vapeur.

Plusieurs missions sont fondées par les Espagnols en Californie dont celles qui sont devenues San Diego, San Francisco et Los Angeles.

HEARNE ET SON TEMPS

1770

Hearne repart pour une deuxième expédition le 23 février, accompagné de quelques Amérindiens seulement. De nouveau abandonné par ses guides, il survit grâce à Matonabi, grand chef des Chipewyans, qu'il rencontre sur le chemin du retour. Il rentre au fort début novembre sans avoir rempli sa mission.

Guidée par Matonabi, accompagné de toute sa famille, Hearne organise une troisième expédition qui s'ébranle le 28 novembre. Elle durera 19 mois.

L'AMÉRIQUE ET LE MONDE

1770

Massacre de Boston : les soldats anglais ouvrent le feu sur une manifestation de colons protestant contre le cantonnement de soldats anglais chez l'habitant. Cinq personnes sont tuées. Devant les tensions grandissantes, Londres retire toutes ses taxes sauf celle sur le thé et ouvre les frontières vers l'Ouest.

HEARNE ET SON TEMPS

L'AMÉRIQUE ET LE MONDE

1771

Au cours de sa troisième expédition, en juillet, Samuel Hearne arrive à la rivière du Cuivre (Coppermine River) et dessine un plan d'une partie du cours d'eau. À Bloody Falls, il assiste impuissant au massacre d'un groupe d'Esquimaux par les Chipewyans de Matonabi et arrive enfin le 18 juillet à l'océan Arctique. Le fameux passage vers l'Asie qui aurait dû se trouver entre le fort Prince-de-Galles et l'Arctique n'existe donc pas. Il est le premier homme blanc à atteindre la côte arctique américaine par voie de terre, 278 ans après l'arrivée de Christophe Colomb en Amérique. Sur le chemin du retour, en décembre, il découvre le Grand Lac des Esclaves, le onzième plus grand du monde.

Voyage de Marc-Joseph Marion-Dufresne dans les mers australes. Il est tué en Nouvelle-Zélande par des Maoris.

1771

Révolution industrielle en Angleterre tout au long du XVIIIe siècle grâce aux nouveautés techniques telles les machines à vapeur qui exigent d'énormes quantités de charbon, ce qui transforme le paysage anglais. Le développement des chemins de fer devient le moteur de l'industrialisation. Aux classes sociales traditionnelles, noblesse, paysannerie et artisanat, s'ajoutent une classe de riches industriels et une classe ouvrière qu'aucune loi ne protège. Ce développement industriel sera plus tardif dans le reste du monde.

HEARNE ET SON TEMPS

L'AMÉRIQUE ET LE MONDE

1772

Arrivée de Hearne au fort Prince-de-Galles le 30 juin après 19 mois d'expédition. Ses découvertes n'apportent aucun avantage matériel à la mère patrie et à la Compagnie de la baie d'Hudson, mais mettent fin au mythe du passage du Nord-Ouest par la baie d'Hudson.

Deuxième voyage de Cook sur l'*Adventure* et le *Resolution*. Il descend plus au sud et devient le premier homme à franchir le cercle polaire antarctique. C'est une grande première dans l'histoire de la navigation. Il explore la banquise et cherche en vain un passage à travers les glaces. Sur le chemin du retour, il découvre la Nouvelle-Calédonie. Il rentre en 1775, déclarant qu'il n'a pas découvert de continent austral parce qu'il n'existe tout simplement pas.

Le navigateur français Kerguelen de Trémarec donne son nom à l'archipel qu'il découvre au sud de l'océan Indien.

1772

La Pologne est amputée du tiers de ses terres lors de la signature d'un traité conclu entre la Prusse, l'Autriche et la Russie.

HEARNE ET SON TEMPS

L'AMÉRIQUE ET LE MONDE

1773
Le *Boston Tea Party* : le Parlement de Londres ayant accordé le monopole du transport et de la vente du thé aux commerçants britanniques de la Compagnie des Indes orientales, les coloniaux se révoltent. En guise de représailles, la cargaison de thé de trois navires est jetée à la mer la nuit du 16 décembre dans le port de Boston.

1774
Hearne établit un nouveau poste pour la Compagnie de la baie d'Hudson, Cumberland House, en Saskatchewan. C'est le premier établissement blanc dans cette contrée. Il met également au point le prototype de la chaloupe *York* pour faciliter le transport des fourrures sur les cours d'eau intérieurs.
À 30 ans, Hearne est nommé commandant du fort Prince-de-Galles.

1774
Après le *Boston Tea Party*, l'Angleterre vote une série de lois que les Américains qualifient d'« odieuses ». L'acte de Québec soulève l'indignation des colonies anglaises parce qu'il entrave leur expansion territoriale en rattachant la région de l'Ohio et Mississipi au Canada. Il reconnaît également la pratique de la religion catholique. L'Angleterre cherche à s'assurer la loyauté et la fidélité de ses sujets francophones en cas d'affrontement avec ses treize colonies.
En France, avènement de Louis XVI.

HEARNE ET SON TEMPS   **L'AMÉRIQUE ET LE MONDE**

1775
Les Américains mettent sur pied une armée nationale commandée par George Washington et décident de gagner l'appui des Canadiens par la force. Le Canada est envahi par les troupes de Richard Montgomery et de Benedict Arnold. Montréal et Trois-Rivières se rendent sans résistance, Québec est assiégé.

HEARNE ET SON TEMPS

1776

Samuel Hearne est nommé gouverneur du fort Prince-de-Galles. Il vit une période heureuse avec sa compagne, la Métisse Marie Norton, et en compagnie de son grand ami, le chef Matonabi.

Troisième voyage de Cook sur le *Resolution* et le *Discovery*. Après des escales en Nouvelle-Zélande et à Tahiti, il monte vers le nord et est le premier Européen à aborder les îles Hawaï où il est reçu avec adoration par les indigènes. Il poursuit sa route à la recherche du grand passage du Pacifique à l'Atlantique, puisque les tentatives par l'est ont échoué, mais, après s'être engagé dans le détroit de Béring, il recule devant la banquise et écarte toute possibilité d'un passage sur la côte américaine du Pacifique. Il revient à Hawaï où il sera tué par ceux-là mêmes qui l'adoraient.

L'AMÉRIQUE ET LE MONDE

1776

Les troupes américaines espèrent l'arrivée de renforts devant Québec mais, à la fonte des glaces, ce sont des navires britanniques qui se pointent, forçant les Américains à battre en retraite.

Le 4 juillet, les représentants américains, réunis à Philadelphie, votent la déclaration d'Indépendance des États-Unis qui brise tous les liens avec l'Angleterre, proclame le droit de se gouverner soi-même et l'égalité entre tous les hommes. George III refuse de la reconnaître et c'est la guerre avec l'Angleterre.

En France, le contrôleur général des finances Turgot est renvoyé par le roi pour avoir tenté de réformer le système d'imposition. La classe privilégiée, la noblesse et le clergé, résiste au changement.

HEARNE ET SON TEMPS	L'AMÉRIQUE ET LE MONDE
	1778 Benjamin Franklin, représentant officiel du Congrès américain, obtient l'appui de la France à la cause de la révolution américaine. La victoire américaine de Saratoga décide Louis XVI à reconnaître l'indépendance des États-Unis et à les appuyer militairement sur terre et sur mer. Le marquis de La Fayette fait partie de l'état-major de George Washington.
1782 Reddition du fort Prince-de-Galles au comte Jean-François de La Pérouse, amiral français à la tête d'une flotte bien armée, qui a pour mission de détruire tous les forts anglais de la baie d'Hudson. Le fort est brûlé et Samuel Hearne, fait prisonnier, est renvoyé en Angleterre.	

Hearne et son temps	**L'Amérique et le monde**
1783 De retour aux ruines du fort après un séjour en Angleterre, Hearne apprend la mort de Marie Norton et le suicide de Matonabi. Un nouveau fort est édifié.	**1783** Signature du traité de Versailles : l'Angleterre reconnaît l'indépendance des États-Unis et leur cède tout le territoire au sud du Canada. Arrivée massive au Canada des loyalistes, Américains demeurés fidèles à l'Angleterre : 30 000 dans les Maritimes et 6 000 dans la province de Québec. Fondation de la Compagnie du Nord-Ouest par les marchands anglais de Montréal, qui reprennent le commerce des fourrures établi à l'origine par les Français. Cette compagnie devient la principale concurrente de la Compagnie de la baie d'Hudson et finance plusieurs voyages d'exploration à l'intérieur du pays. Les deux compagnies fusionneront en 1821.

HEARNE ET SON TEMPS	L'AMÉRIQUE ET LE MONDE
1785	**1785**
Expédition de Jean-François de La Pérouse à bord de la *Boussole* et de l'*Astrolabe*. Reconnaissance de la côte nord-ouest de l'Amérique, de l'île de Sakhaline et du détroit de Tartarie. Fin tragique de l'expédition à l'île de Vanikoro aux Nouvelles-Hébrides ; les vestiges seront retrouvés en 1828 par l'expédition de Dumont d'Urville, découvreur de la terre Adélie en Antarctique.	Les loyalistes se voient concéder par le gouvernement britannique de très belles terres dans le Haut-Saint-Laurent (nord du lac Ontario). Ils réclament le droit de vivre selon les us et coutumes anglais dans un district séparé.
1787	**1787**
Retour définitif de Hearne à Londres où, ruiné et malade, il travaille sur les notes de son journal relatant ses aventures.	Les États-Unis d'Amérique adoptent une constitution : création d'un État fédéral et élection d'un président dont le pouvoir est équilibré par des contre-pouvoirs législatifs et juridiques.

HEARNE ET SON TEMPS	L'AMÉRIQUE ET LE MONDE

1789

Alexander Mackenzie, négociant en fourrures et agent de la Compagnie du Nord-Ouest, pagaie du lac Athabasca, en Alberta, au Grand Lac des Esclaves et descend un grand fleuve puissant, aujourd'hui nommé Mackenzie, jusqu'à l'océan Arctique, découvrant un territoire prodigieusement riche.

1790

Étienne Marchand, navigateur français, effectue un voyage dans le Pacifique qui lui permet de redécouvrir les îles Marquises, oubliées depuis la fin du XVIe siècle.

1791

Voyages de George Vancouver, navigateur anglais, le long des côtes nord-ouest de l'Amérique, de la Californie à l'Alaska jusqu'en 1795. Il assure la possession du littoral ouest du Canada à l'Angleterre.

1789

Élection de George Washington, premier président des États-Unis.

En France, début de la révolution. L'Ancien Régime, fondé sur la monarchie de droit divin et les privilèges de l'Église et de la noblesse, est remis en cause quand Louis XVI se montre incapable de faire évoluer les institutions.

14 juillet: prise de la Bastille, symbole du despotisme royal.

1790

Commerce des esclaves: il est estimé que, chaque année, près de 100 000 hommes, femmes et enfants noirs d'Afrique sont embarqués à bord de navires à destination des côtes américaines dans la seconde moitié du XVIIIe siècle.

1791

L'Acte constitutionnel divise la colonie du Canada en deux provinces afin de permettre aux deux nations de se développer selon leurs aspirations, d'une part le Bas-Canada (Québec) et, d'autre part, le Haut-Canada (Ontario).

HEARNE ET SON TEMPS	L'AMÉRIQUE ET LE MONDE
1792	**1792**
Mort de Samuel Hearne en novembre, un mois après avoir remis le manuscrit de son journal à son éditeur. L'ouvrage paraîtra en anglais en 1795 et en français en 1799.	Prétextant que les intentions belliqueuses de l'Autriche menacent la révolution, la France lui déclare la guerre. La Convention nationale proclame la République et transforme les sujets de l'Ancien Régime en citoyens.
1793	**1793**
Alexander Mackenzie franchit les montagnes Rocheuses et atteint la côte du Pacifique. Pour la première fois, un Blanc traverse l'Amérique du Nord de part en part.	Louis XVI est guillotiné. La France entre en guerre contre la Grande-Bretagne qui regroupe derrière elle tous les monarques d'Europe ennemis de la Révolution.
	1798
	Aux États-Unis, la traite des Noirs est abolie.
	1799
	France : coup d'État de Napoléon Bonaparte, jeune général considéré comme un sauveur depuis ses victoires décisives contre les ennemis extérieurs de la révolution. Il est nommé premier consul.

HEARNE ET SON TEMPS

L'AMÉRIQUE ET LE MONDE

1801
Washington, dans le district de Columbia, devient capitale des États-Unis.

1803
Bonaparte vend la Louisiane aux États-Unis.

1804
Bonaparte est sacré empereur des Français.

1807-1813
Vassili Golovnine, navigateur et astronome russe, explore la mer du Japon et le Pacifique Nord.

1808
Simon Fraser, employé de la Compagnie du Nord-Ouest, parcourt 850 milles sur le fleuve que l'on appelle aujourd'hui Fraser, jusqu'au Pacifique. Il démontre que ce n'est pas une voie commerciale navigable.

1810
David Thompson cherche une voie navigable qui contourne les Rocheuses. Il descend le fleuve Columbia.

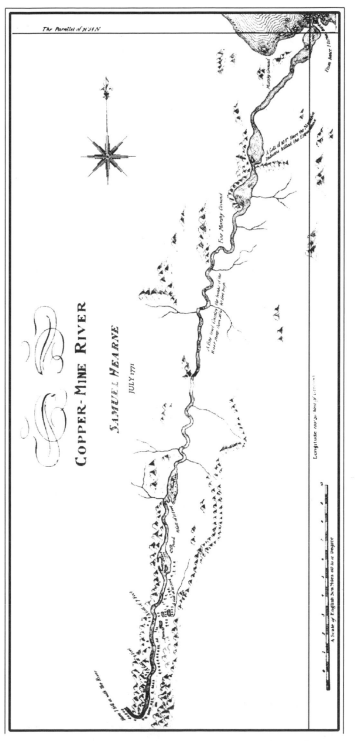

Plan de la rivière Coppermine par Samuel Hearne en juillet 1771.

Éléments de bibliographie

BERTON, Pierre, *My Country : The Remarkable Past*, Toronto, McClelland and Stewart, 1976.

HEARNE, Samuel, *A Journey from Prince of Wale's Fort in Hudson's Bay to the Northern Ocean, 1769, 1770, 1771, 1772*, édité et préparé par Richerd Glover, Toronto, McMillan of Canada, 1972.

HEARNE, Samuel, *Voyage de Samuel Hearne du Fort du Prince de Galles dans la baie d'Hudson, dans les années 1769, 1770, 1771, et 1772, et exécuté par terre, pour la découverte d'un passage au nord-ouest, traduit de l'anglais, et accompagné de cartes et de planches*, Paris, Imprimerie de Paris, an vii [1799].

NEWMAN, Peter, *Company of Adventurers*, Toronto, Viking, 1985.

Table